D1697535

Wolfgang Bader (Ed.)

novum #11

Volume 4

novum pro

© 2021 novum Verlag

ISBN 978-3-99131-447-9
Lektorat: Isabella Busch
Umschlagfoto:
Zuboff | Dreamstime.com
Umschlaggestaltung, Layout & Satz:
novum Verlag
Innenabbildungen:
siehe Bildquellennachweis S.188

Die von den Autoren zur Verfügung
gestellten Abbildungen wurden in der
bestmöglichen Qualität gedruckt.

Gedruckt in der Europäischen Union
auf umweltfreundlichem, chlor- und
säurefrei gebleichtem Papier.

www.novumverlag.com

Bibliografische Information
der Deutschen Nationalbibliothek:

Die Deutsche Nationalbibliothek
verzeichnet diese Publikation in
der Deutschen Nationalbibliografie.
Detaillierte bibliografische Daten
sind im Internet über
http://www.d-nb.de abrufbar.

Inhalt

„Ich wäre gern ein Philosoph"

Nachfolgender Text ist nicht Bestandteil des im Februar 2021 erschienenen Buches

„Ich wäre gern ein Philosoph"

Oder doch?

Philo doof

In der Talkshow: Die frei nach Rousseau eigentlich nur für Götter erschaffene Demokratie, Deutschland, vielleicht sogar der gesamte Globus müssen gerettet werden. Gequake und Gezeter treffen Arroganz und oberflächliche Unzulänglichkeit. Am Ende gewinnt immer die Sympathie, weil sie am besten heuchelt. Jeder weiß mehr als der andere, aber keiner weiß mehr, als er nicht weiß. Phrasen werden gedroschen. Politologe darf die Welt nicht so sehen, wie sie sein sollte, sondern wie sie ist. Politiker schafft beides nicht. Feministin kämpft, Chauvi kontert frech. Pastoralreferent entschuldigt und verteidigt sich, Opfer weint ganz bitterlich. Rot und grün oder grün und schwarz, gelb glänzt mehrfarbig, blau schimmert braun und ist beleidigt außen vor. Farbenspiele so bunt wie einfalls- und bedeutungslos. Ab wann wird eine Wahrheit zur Tatsache oder umgekehrt? Besser gefragt: Kann aus einer Lüge eine Unwiderlegbarkeit entstehen? Vielleicht finden wir die Wahrheit in uns selbst. In der Show ist die Täuschung verdammt gut gemacht; die Lüge ist kaum fassbar; unterhaltsam ist es und soll es auch vornehmlich sein. Zu sehen, was man sehen will, so angenehm wie widersinnig. Wie schön, wenn eine Bedrohung nur abstrakt ist. Menschen schauen sich an, hören vielleicht sogar zu, und glauben dann, einander zu kennen. Ist das möglich, fragt der Philosoph, und stellt dann fest, er ist vielleicht genauso doof.

Wäre er klug und wäre er Prophet, er könnte das Gequatsche und den Streit ächten und der Lächerlichkeit preisgeben. Er könnte den Politiker zur Seriosität auffordern, den Chauvi ignorieren, den Kleriker zur Ehrlichkeit mahnen und das Opfer auffordern, ohne Effekthascherei anzuklagen. Er könnte Buntheit verlangen, sich aber nicht an ihr ergötzen. Er selbst lebt fromm und sündigt tapfer. Wehe, er wird erwischt. Klugheit und Selbstsucht begegnen sich. Soll er zuhören, soll er schweigen, soll er hilflos lächeln? Oder rammt er der Gesellschaft das Schwert in die Rippen? Wie böse und infam wäre das? Ist der öffentliche von Gespreiztheit durchtränkte Diskurs Grundlage der Demokratie? Geht es ohne dieses Spektakel nicht mehr? Er überlegt, schaut in sich hinein, bleibt aber stumm.

In Abänderung eines Zitates von Aristoteles: Es gibt drei Arten von Menschen: die Lebenden, die Toten und die, die sich kümmern. Ohne Fake und Selbstdarstellung Änderungen herbeiführen, geht das? Ohne Radikalität zur Bewusstseinsveränderung der Gesellschaft beitragen, wohl wünschenswert. Kann der Philosoph den Politiker in einen Politologen sowie Chauvi und Priester in tolerante Aufklärer verwandeln? Kann er das Opfer in den Vordergrund stellen und den Täter dennoch objektiv und unabhängig betrachten? Was will er wirklich, und wen interessiert es? Verschwurbelt, sein Wissen vor sich her tragend, von oben herab, wie verpackt er was? Worin besteht die Kunst? Wer macht sich lächerlich? Der Moderator treibt, heizt an, stichelt, spitzt zu, provoziert und sucht den Exzess. Wie erbärmlich seine Versuche sind, Wahrheit, Sinn und Ziel zu verbinden! Der Diskussionsleiter maßt sich einiges an, überhöht sein Ego und hört sich selber gerne zu. Der Philosoph merkt es, ist angewidert, bleibt manchmal fern und ignoriert es teilweise.

Wie wichtig ist die Auseinandersetzung derer, die sich fremd, womöglich sogar spinnefeind sind? Zwei völlig konträre Meinungen zu einen, wie soll das vor den Augen aller gehen? Ehrgeizlos, unprätentiös, langweilig, langatmig und leiernd vortragen, welche Wirkung hat das auf Hörer und Zuschauer? Ist wohl nicht so schwer zu erraten. Muss der Schlaue klüger sein als der Dumme doof ist, und wer nutzt wen aus? Können Hochgebildete und vom Bildungssystem Übergangene gemeinsame Ziele verfolgen, nachdem sie sich – wie auch immer – auf diese verständigt haben? Die Moderation und Kommentierung der Aussprache zwischen Menschen unterschiedlichster Denkansätze und -möglichkeiten ist wesentlich für das Erreichen hehrer Ziele. Medienschaffende haben eigene Ziele, und verstecken sie noch nicht einmal. Über dem Erreichen des eigentlich Anzustrebenden steht für viele das Auskosten zwischenmenschlicher Eskalation. Der Philosoph ist angewidert und wundert sich über seine Anwesenheit.

Man braucht Mut, um die Wahrheit zu sehen. Noch mehr Courage erfordert es, die Gegebenheiten zu benennen. Die Krönung der Furchtlosigkeit ist die Umsetzung des schmerzvollen Unvermeidlichen. Moderatoren, Politiker oder sonstige Selbstdarsteller sind oftmals mutlose Schwafler, deren Ziel ausschließlich in der Beibehaltung der angenehmen Belanglosigkeit besteht. Wann hören wir denen zu, die es ernst und ehrlich meinen? Wie erreichen diese mit Mut zur Veränderung ausgestatteten Informierten uns alle? Wie erkennen wir sie? Wollen wir die Realität zulassen, und ist sie für diese Welt überhaupt noch kompatibel? Haben wir nicht schon lange dafür gesorgt, dass die Umsetzung der Wahrheit in sinnvolles Handeln unmöglich geworden ist? Gibt es eine auf Tatsachen beruhende allgemein verbindliche Moral? Wenn ja, wer ersinnt und begründet sie? Wer, wenn nicht der Philosoph, sollte es wissen?

Lassen wir sie machen, die öffentlichen sich selbst verfallenen Blender, Nörgler, Besserwisser und Pedanten. Sehen wir weiter zu, wie sie die Gesellschaft verdummen, und wie sie sich selbst und uns in Grund und Boden quatschen. Horchen wir weiter dem Überflüssigen zu, staunen wir weiter über die Schönen und Reichen, und ergehen wir uns weiter in blinder Zustimmung. Ist nicht der Wille, das System des unnützen Gelabers zu ändern, entscheidend? Woher kann dieser Wille kommen? Fragen wir doch den Philosophen.

Müssen wir tatsächlich drastisch provozieren, so wie der Moderator selbst es tut? Dürfen wir diese „Talker" brandmarken, nachdem wir ihnen den Spiegel vorgehalten haben? Sollen wir mit diesen Blinden lauter sprechen? Müssen sie verenden in ihrer Widersprüchlichkeit und schmoren in der Finsternis? Dürfen, sollen, müssen wir all das machen, oder sind wir es selbst, die wir dann damit treffen? Geht die Welt sowieso irgendwann unter, und tragen wir dann überhaupt im „Hier und Jetzt" Verantwortung? Ja, wir verantworten unser Tun, und das verdammt noch mal auch in dieser Zeit bis in die Unendlichkeit. Mit Gequake und Gezeter erklären und entschuldigen wir nichts. Wir labern und streiten uns immer weiter rein, in das Nichts und die Unendlichkeit. Oder ist es vielmehr eine Endlichkeit?

Fragt der kleine Timmy den großen Denker: „Woher weißt Du eigentlich all das, was Du weißt?" Sagt der Weisheitslehrer: „Ich habe es gelernt." „Von wem denn?" „Von anderen meiner Art, die weit vor uns gelebt haben." „Geht es unserer Welt heute gut, und wenn ja, wird es noch lange so bleiben?", fragt der kleine Bursche weiter. „Na ja, das ist wohl schwer zu beantworten." „Warum?" „Weil es so viele verschiedene Sichtweisen und Antwortmöglichkeiten gibt." „Das verstehe ich nicht." „Ich auch nicht!" „Wer denn dann?", erkundigt sich Timmy besorgt. „Hm, vielleicht musst Du für Dich allein vieles lesen, lernen und versuchen, zu verstehen. Wenn Du glaubst, klug genug zu sein, gehst Du zu anderen, die entweder nichts gelernt haben, oder das Gelernte anders interpretieren." „Und dann?"

„Dann diskutierst Du und versuchst, zu überzeugen." Aber wenn mir keiner zuhören will, was soll ich dann machen?", fragt der kleine Erdenbürger fast schon verzweifelt. „Dann gehst Du in eine Talkshow, und alles wird gut."

Kurzgeschichten

Der Tod

Ich rieche noch deinen herben Parfumgeruch und höre tief in Gedanken versunken deinen letzten Abschiedsspruch. Spüre in Rückblicken deinen warmen Händedruck, lächelnd an meinem Arm, denn er fühlt sich noch ganz warm an.

Beim Anblick deiner lustigen Lachfalten konnte niemand lange Abstand halten. Stets warst du an meiner Seite und unser Leben kannte keine Pleite. Unser bisheriges Leben bestand nur aus Lachen, konntest du mir mit deiner Anwesenheit doch stets eine große Freude machen. Als wäre es selbstverständlich, sagte ich an jenem Tag zu dir: „Bis morgen". Erwartete ich doch nicht, den nahenden Kummer und die schlimmen Sorgen. Beim Fortgehen sah ich lachend, deine winkende Hand und spüre noch heute schmerzlich, was für eine wertvolle Freundschaft und Liebe uns verband.

Beim Davongehen riefst du mir zu: „Bis dann!" Du wusstest doch nicht, wie heimtückisch der Tod sein kann. Eine einzige, unbedachte Sekunde hat dich in den Tod gerissen und dein unbezahlbares Leben einfach fortgeschmissen. Dein Tod durchdringt mein Herz mit einem spitzen Speer und ich spüre vor Schmerzen fast gar nichts mehr. Ich denke oft, ich wollte dir noch so viel sagen und mich nicht nur ständig über irgendwelche unwichtigen Dinge des Lebens beklagen.

Heute wähle ich an jedem Tage sehr sorgsam meine Worte und wünschte mir, du wärst noch an diesem schönen Orte.

Nun würde ich dir lieber sagen, wie wichtig du mir immer warst, anstatt mich darüber zu entrüsten, dass du ständig andere Frauen anstarrst.

Der Todesengel verfolgt uns, genauso wie die Zeit auf Schritt und Tritt und sein Schatten nimmt gern mal geliebte Menschen mit. Stößt lang gehegte Wünsche über den Haufen, denn einen leblosen Menschen kann man nicht ersetzen und auch nicht kaufen.

Ich bin dem Tode oft begegnet, denn er hat sehr viele „Gesichter".

Mal kommt er als Feind, mal als Freund und auch als Krankheit, mal lauert er in der Zeit, als Unfall oder auch als Erlösung.

Der Tod ist weder schwarz noch weiß und man kann ihn nicht sehen, doch eines ist gewiss:

Er ist endgültig – dass sollten wir endlich verstehen.

Der Sensemann

Ich stehle deine sonnige Seele, denn ich bin der Sensemann, der vermutlich alles kann. Ich erwecke die dunkle Seite in dir.

Ja, so gefällt es mir und irgendwann auch dir.

Meine bleierne Anwesenheit reißt dich rasch ins Verderben und so liegt bald dein Leben vor dir nur noch in tausend Scherben.

Mir gefällt dein schwer erarbeitetes Geld, denn so etwas gibt es nicht in meiner düsteren Welt. Langsam geht bei dir nichts mehr und dein Leben wird unendlich schwer.

Für die lästige Arbeit bleibt dir nicht die nötige Zeit, denn allzu oft gibt es wegen meiner ständigen Anwesenheit mit dem nervenden Chef einen bösen Streit.

Und auch deine letzten Freunde mögen mich nicht, so ist bald niemand mehr von ihnen in Sicht. Bald liegst du bezwungen in der Ecke und erkennst hoffentlich meine schädigenden Zwecke.

Du stehst mit dem Rücken zur Wand und stellst fest, was uns beide magisch verband.

Nun fehlt dir das nötige Kleingeld, um mich zu bezahlen und ich bin fort und kann in einem anderen Menschen boshaft erstrahlen. Nach dessen unschuldiger Seele greifen, während unruhige Genossen ruhelos und weiterhin mit dir umherstreifen.

Mich nennt man auch den Alkohol.

Fast ein jeder kennt mich – wohl.

Deine Ehre

Du bist laut und ich oftmals zu leise. Unvernünftig und ich übertrieben weise, du magst lange und mir reichen kurze Reisen, du gierst nach materiellen und ich nach emotionalen Preisen.

Du liebst mich, du liebst mich nicht, unsere Tochter lässt du für dieses verrückte Verwirrspiel leider im Stich.

Schon von Anfang an spürte ich, dass ein jeder von uns spielt in einer anderen Liga, doch beim Streitgespräch darüber bliebst du stets der Sieger.

Du sagtest: „Ein geliebtes Kind vertuscht, wie verschieden wir sind, und wir packen das, so stark, wie wir sind. Die Differenzen werden sich irgendwann legen, dann wird unser Leben ein Segen." So versuchen wir es immer wieder und noch einmal, alles andere ist doch egal. Wir überbrücken unsere Besonderheiten und finden dennoch neue Grenzen, die uns trennen, auch wenn wir diese nicht beim Namen nennen.

Weiter kann ich mich nicht mehr verbiegen, ansonsten würde die Lüge siegen.

Der Alltag wird zum täglichen Gefecht, ein Schlachtfeld – inmitten ein argloses Kind und uns fehlt das nötige Kleingeld, so unvernünftig wie wir sind. Und nun, als du das Gegenteil von deiner Überzeugung erkennst, verschwindest du „im Nichts" geschwind.

Nun stellt sich die berechtigte Frage, wie würdig ich die Verantwortung für unser Kind alleine trage.

Sie möchte nicht dein hart verdientes Geld, denn das ist es nicht, was ihr gefällt.

Deine kleine Tochter möchte dich sehen, ohne zu fragen, was mit unseren Gefühlen ist geschehen.

Du warst als lieber Ehemann und als fürsorglicher Vater nicht schlecht, leider nur in deinen Gefühlen nicht echt und tatest uns oft, vielleicht sogar unbewusst, unrecht.

Hast oft mit deiner Tochter geschimpft und auch geschrien und dir dadurch selbst den Orden eines Monsters verliehen.

Der Alltag ist unglaublich schwer und stört oft im heilen Familienleben sehr, sodass man häufig sieht keinen anderen Ausweg als erlösende Trennung mehr. Die Gefühle spielen verrückt und sind am Spinnen, man muss sich mühsam seiner Werte besinnen. Das Leben ist schwer, doch niemandem kümmert dein unbedachtes Handeln nach Jahren mehr. Nach alldem möchte ich, dass auch du, mein Mann, glücklich bist, auch wenn unsere Tochter dich oft sehr schmerzlich vermisst. Sie weint sehr oft, weil sie vergebens auf unsere Versöhnung hofft. Sie liebt dich, auch wenn du uns lässt feige im Stich.

Sie fragt mich täglich „Warum" und bei ihren lieblichen Worten bleibe ich vor Traurigkeit stumm.

Dein Mädchen kann noch nicht begreifen, wie Erwachsene auf die Gefühle ihrer Kinder pfeifen. Das Leben zieht schleppend an uns vorbei und doch fühle ich mich nun endlich frei.

Ich erkenne mich nicht mehr und doch fühlt es sich an noch ein wenig schwer. Das Leben zieht gnadenlos weiter und ich hoffe für unsere unschuldige Tochter, wir zwei werden eines Tages endlich gescheiter. Sie gibt unserem tristen Leben einen Sinn, auch wenn ich schon längst getrennt von dir und nun glücklicher bin. Traurig ist lediglich das kleine Mädchen in mir, das noch immer an den Prinzen aus dem Märchen glaubt, denn es wurde ihrer schönen Träume ebenso ganz unsanft beraubt.

꩜

Maskerade

Die aufgesetzte Maske, die ich stets trage, ist der Grund für deine ungewöhnliche Frage. Du bist der Erste, der danach fragt, und so habe ich dir endlich die vollkommene Wahrheit über mich gesagt. Du siehst täglich, obwohl mir oft nicht danach zumute ist, ein strahlendes Lachen und brauchst dir um meine geweinten Tränen darunter keine Sorgen zu machen. Die coole schwarze Brille, die ich oft passend dazu trage, verbirgt meine traurige Seele unter einer harten Schale, die sich ungewollt einen Weg durch meine ehrlichen Augen zur Außenwelt sucht, und diese absolute Offenheit habe ich sehr oft verflucht. Niemand ahnt, wie schlecht es mir oft geht, weil ihr nicht mich, sondern nur meine aufgesetzte Maske seht.

Die verlogene Schauspielerei macht unglaublich frei. Doch nur für einen winzigen Moment, bis die unglückliche Seele wie ein brühheißes Feuer brennt. Die tiefen Sorgenfalten sind versteckt unter einer einzigen Haarsträhne und ich bin in Gedanken versunken über die fehlenden „Späne". Über das manifestierte Leid auf dieser Welt, weil mir dieser Lebensstil, den wir Menschen führen, einfach nicht gefällt. Nun bittest du mich, endlich meine Maske abzusetzen und ich fange an davonzuhetzen.

Ich habe diese schützende Maske schon solange getragen, dass ich das Absetzen würde nicht mehr ertragen.

Auszug aus: Die lila Libelle

Wie sagte man so schön? Wer das Licht genießen will, muss zunächst die Schatten kennen und ich würde lieber in eine frische Zitrone beißen als in diesem Augenblick hier zu sein, verspürte selten so ein Unwohlsein in meinem Körper und doch war es meine eigene Entscheidung gewesen, die mich hierherbrachte. Gefühle konnte ich nicht zulassen aus Furcht davor, mir selbst noch mehr wehzutun, denn es ging mir schon jämmerlich genug. Schon als meine Mutter mich und meine Geschwister verließ, schwor ich mir bereits als Sechsjährige, meinen Kindern nie so etwas anzutun. Niemand erzählte mir, dass sie gestorben war und heute stand ich kurz davor, Edward die ganze Wahrheit über uns zu gestehen. Aber ich hatte einen furchtbaren Respekt vor ihm und wusste, wozu er imstande war. Es duftete nach Regen und man konnte meinen, dass alles noch wie früher war, als ein Singvogel in der Lufthülle zwischen den Baumästen zwitscherte, als ich im Garten auf der Liege lag. Lange dachte ich nach, ob ich es wirklich tun sollte. Dieser Entschluss würde nicht nur mein Leben verändern, doch Haruns ständiges Weinen brachte mich allmählich um den Verstand und wurde ungewollt immer mehr zu seinem Todesurteil. Ich kannte den buckligen Mann nicht, der allein auf der düsteren Waldlichtung stand, alt und gebeutelt vom Leben, als ich vor Edward floh. Es war schwül an diesem Freitag im Hochsommer und die Wolken veränderten sich trübe, denn die Abenddämmerung legte sich wie ein Leichentuch über die abgelegene Landstraße, dessen regendurchnässte Straßen von zwei dürftigen Lichtkegeln erleuchtet wurden. Die zwei klitzekleinen Löcher an meinem Hals brannten, die unbekannte Flüssigkeit verteilte sich viel zu rasch in meinem Körper und ich fühlte mich müde und abgeschlagen. Der Vorhof des Vollmonds erschien vorzeitig und der Volksmund sagte, dass in dieser Nacht ein Mensch sterben würde und um die winzige Insel der steilen Klippen, wie man sie nannte, kursierten Gerüchte, dass diese nicht existierte, denn sie erschien auf keiner Seekarte und hier geschahen Dinge, die keineswegs gewöhnlich waren. Die Überfahrt mit der menschenleeren Fähre verlief für mich sehr ruhig, im Gegensatz zu meinen Emotionen. Diesen Zeitpunkt am 29. Juni 2001, hatte ich sehr gut gewählt, es tatsächlich bis hierher geschafft und ich würde nicht wieder kneifen, denn an diesem Punkt war ich schon etliche Male gescheitert. Alles erschien unnatürlich, selbst die merkwürdigen Krähen, die den toten Hasen am Straßenrand zerpflückten, und es waren mindestens noch 36 Grad Hitze im Auto, denn ich fühlte, die Unterwäsche an meinem Leib haften und diese Feuchte dumpf an meinem Körper entlangschleichen. Das schmale Seitenfenster quietschte beim Herunterkurbeln, und ich verschlang nach Gras duftende Luft, die eine Libelle mit Leichtigkeit zu mir ins Fahrzeug wehte und mein Auto ins Schleudern brachte, beim Versuch sie hinauszubefördern, denn Mama hatte immer gesagt, dass sie gefährlich seien. Ein herrlicher Sommerabend, begleitet vom Zirpen der Grillen und stechenden Insekten, die ich mühsam von meiner klebrigen Stirn wischte und so kurzzeitig erneut das Lenkrad verriss. Mein Bauch war inzwischen so dick, dass ich bald nicht mehr hinter das Lenkrad passte und ich fuhr barfuß, spürte die Kälte des Gaspedals an meinen nackten Füßen. Eigentlich dürfte ich das Auto nicht fahren, ohne Führerschein, aber ich tat es und schaute in den Rückspiegel des steinalten Fahrzeugs und erkannte die seltsame Person, die mich von dort hinten ansah, nicht mehr. Lediglich die Luft vibrierte sichtbar im Spiegel und das letzte meiner Kinder trug an seinem Todestag viel zu dicke Kleidung und schwitzte sichtbar. Ich liebte Harun abgöttisch und griff mit der freien Hand nach meinen Medikamenten auf dem Beifahrersitz, doch die Schachtel war leer und ich spürte ein seltsames Herzklopfen, als ich dies bemerkte. Die wenigen Streichhölzer in der winzigen Schachtel mit schwarzer Aufschrift: „Lila Libelle" eines Motels fesselten meine Aufmerksamkeit, dann sah ich im Rückspiegel Haruns Hände, sie verfügten jeweils über sechs Finger, zwei Mittelfinger, und die speckigen Oberschenkel quollen aus abgetrennten Hosenbeinen hervor, die allmählich am Ansatz ausfransten und das füllige Fleisch versank über die orthopädischen Schuhe Größe 23, die längst zu klein waren. Seine bewegungslosen Mundwinkel in einem runden Gesicht verzogen sich ausgerechnet jetzt zu einem schiefen Lächeln und die speckigen Wangen glänzten purpurrot, während ihm die Haare schwitzend an seinem Kopf klebten und einige auf seine Brille mit verstärkten Gläsern fielen, in denen sich das Licht der untergehenden Nachmittagssonne spiegelte. Und da war es, das Wort, das mein Leben aus den Fugen geraten ließ. „Mami", murmelte er nach fünf zähen Jahren mit chronischem Jammern, die mir jeglichen Nerv geraubt und mich so zermürbt hatten, dass ich diesen perfiden Plan fasste, und ab hier gab es nun kein Zurück mehr, denn ich besaß keine Selbstachtung mehr. „Mami. Die lila Libelle", murmelte er fast lautlos und ich fragte mich, woher er wusste, was eine Libelle war, denn Mama war das Einzige, was ich jemals von ihm vernommen hatte. Seine Stimme hallte etliche Male in mir wider und stellte erneut meinen Plan infrage. Das konnte doch nicht wahr sein, schon wieder. Mein Fuß ging abrupt zur Bremse und ich vernahm wie aus weiter Ferne ein lautes Quietschen und ich wusste nicht, was ich nun tun sollte, denn wie oft war meine Absicht im letzten Augenblick daran gescheitert, als mein Sprössling auf dem Kindersitz hinter mir saß und mich im Spiegel fragend ansah, und dieser Anblick rammte mir eine Messerklinge in die Brust. Ich roch das Benzin aus dem Kofferraum, gemischt mit meinem Schweiß und Blut. Mit 140 Stundenkilometern donnerte ich nun über die holprige Land-

straße, schloss meine Augen, spürte Spurrillen unter den Auto-
reifen und der alte Pkw kreischte mühsam in einem fort. Der
defekte Keilriemen quietschte in der Stille und mir war klar,
dass ich in diesem Moment das Richtige tat, denn aller Gewissheit nach würde er nie gesund werden und sein Leben lang ein
Krüppel bleiben, krabbeln wie ein hässlicher Käfer und von seinen Mitmenschen wie ein Insekt verbal zertreten werden. Ein
Pflegefall, der niemals selbstständig essen konnte, in seinem
Körper gefangen, wie ich in Edwards Haus, das eigentlich mein
Elternhaus war. Mit meinen 16 Jahren hatte ich schon vier Kinder und spannte täglich einen Karren an mein Fahrrad und fuhr
mit meinem Sohn von Arzt zu Arzt, manchmal trug ich ihn,
bis mir die Arme schmerzten, doch alle Ärzte, bei denen ich verzweifelt Hilfe suchte, sagten dasselbe. Harun war verloren und
nun lag ein seltsamer Zauber über dieser fast unbevölkerten Insel, seit meine Jugendliebe Jax damals völlig grundlos verschwunden war und ich fühlte mich seitdem einsam und jeder Wellen-
sittich, der allein in einem Käfig gefangen war, kannte dieses
traurige Gefühl, besonders wenn vorher ein Partner da war. Wegen Harun waren wir hierher zurückgezogen, denn ich ertrug
es nicht mehr, wie die Menschen in der Großstadt über ihn lachten und seit dem Tag seiner Geburt gab es für mich keine Freude mehr, denn Edward warf mich oft mit den Kindern aus dem
Haus und ich wusste nicht, wohin mit ihnen, ich war doch noch
so jung, als wir heirateten, meine Eltern waren dann ebenso
spurlos verschwunden. Erst Mama, kurze Zeit danach Papa und
so kamen wir zu verschiedenen Pflegefamilien. Ich allein hierher, auf diese gottverfluchte Insel. Mittlerweile konnte ich nicht
mehr zählen, wie vielen Kindern ich schon das Leben schenkte,
denn die Medikamente von Edward setzten mir immer mehr
zu und ich sah erneut schockiert auf die leere Medikamenten-
schachtel auf dem Beifahrersitz. Die Zwillinge kamen, als ich
neun Jahre alt war, doch es waren nicht Edwards Kinder und
meine Pflegeeltern gaben sie damals zur Adoption frei, weil sie

Jax, „seinen Vater" nicht mochten. Er war ein Nichtsnutz gewesen, aber er verstand mich und hielt zu mir, auf der Suche nach unserer gemeinsamen Wahrheit. Ich fühlte die Nässe an meiner rechten Hand, an der sich nur noch der verletzte Daumen sowie der Zeigefinger befanden. Ich war ausgelaugt und würde es keineswegs ohne fremde Hilfe schaffen, Harun weiterhin rund um die Uhr zu pflegen, doch liebte ich ihn, obwohl er Edwards Sohn war, dennoch vermisste ich meine Zwillinge, die ich nie kennenlernen durfte – nicht mal nach der Geburt. Ebenso fehlte mir das Geld. Außer dem Essbesteck in der Tasche, dass höchstens ein paar Hundert Euro wert war, besaß ich überhaupt nichts mehr. Diesen eigenartigen Ausdruck in Haruns Augen würde ich niemals vergessen können. Ob er mit seinen fünf Jahren schon bemerkte, wie mein furchtbarer Plan mit ihm aussah? Die heimlichen Vorbereitungen hatten monatelang angedauert, ich recherchierte und beobachtete die fremde Mutter an jedem Tag und jetzt fuhr diese direkt vor mir in diesem nagelneuen Suzuki Pick-up, alles verlief planmäßig. Das Kinderzimmer hatte ich in Gedanken bereits von einem Himmelblau in ein Blassrosa umgestellt und fühlte mich nun bereit, das alte Leben ein für alle Mal hinter mir zu lassen. Manchmal musste man Opfer bringen. Teilweise lag die Landstraße asphaltiert vor mir, wurde nun von grobem Schotter abgelöst und dies löste schmerzhafte Bewegungen in meinem Bauch aus und Erstickungsgefühle in meinem Rachen. Ich trat auf das Gaspedal, wischte mir den Schweiß von der Stirn, der pechschwarze Wagen kam immer näher und mit ihm mein neues Leben. Die alleinerziehende Mutter war wie immer pünktlich und doch würde ihr dies nun zum Verhängnis werden. Ich suchte im Widerschein den hellblonden Kopf des Kindes im Pick-up, das ungefähr in dem Alter meines Sohnes war. „Du bist nun bereit, mein Mädchen. Du bist bereit", flüsterte ich leise und ich fühlte mich fiebrig, denn ich träumte oft von diesem Mädchen, das eine Bestimmung zu erfüllen hatte, und mir wurde flau im Magen. Ob ich das Richtige tat? Die Zweifel kamen wie ein Mückenschwarm und attackierten mein Herz mit etlichen Stichen, doch ich musste diese überlisten, denn ich konnte nicht mehr zurück in mein altes Leben. Nicht zu Edward. Aus und vorbei. Ich wusste mittlerweile nicht mehr, wer er überhaupt war. Jeder von uns täuschte eine Scheinwelt vor, ohne zu wissen, dass der andere es längst bemerkt hatte. Edward stand oft bedrohlich vor mir, seinen Schreibblock in den Händen und rechnete vor, wie viel Geld ich und die Kinder ihn täglich kosteten, obwohl ich von der Hand in den Mund lebte und immer zuerst an die Kinder dachte, bis nichts mehr übrig blieb, sodass ich oft freiwillig zum Wohle der Familie hungerte. Wie heute. Ich hörte in der Ferne ein schreiendes Käuzchen, atmete tief ein, ließ allen Schmerz, der aufgetürmt war, los. Dachte nach. Die EC-Karte hatte Edward schon vor einigen Wochen gesperrt und ich wusste nicht mehr, wie ich den Kühlschrank füllen sollte, dann warf er mich ständig aus dem Haus, sodass ich nicht wusste, wohin. Es gab niemanden mehr, der mir nahestand. Vor 36 Stunden dann erneut der Rauswurf. Diesmal zwang er mich allerdings, ohne meine Kinder zu verschwinden, während er meine Kleidung aus dem Schrank zerrte, aus dem Fenster warf und die Kinder gegen mich aufhetzte. Ich spürte die angespannte Regung in der unnatürlich dicken Wölbung und schloss flüchtig die Augen. Es würde nun nicht mehr lange dauern, bis das Baby kam und ich musste schnellstens handeln, denn das Wasser zwischen meinen Beinen begann unaufhaltsam zu rinnen. Die Fruchtblase war geplatzt. Meine Beruhigungstabletten waren alle und ich hatte stechende Brustschmerzen, die mir das Atmen erschwerten. Ich überlegte, wie ich all das schaffen sollte. Keuchend versuchte ich mich zu beruhigen, doch die Bilder in mir wurden immer drohender und die Furcht ergriff mich. „Ganz ruhig, bleib ganz ruhig", bettelte ich mich an und bemerkte, wie meine Finger am Lenkrad zitterten, so sehr umklammerte ich es und erkannte, das Harun mich ansah, wie ein Wildtier ein Feuer anblickte, das sich durch sein Zuhause – den Wäldern – frisst. Ich hatte einfach zu lange gewartet. Edwards moderne Arztpraxis lief nicht sehr gut und er war oft unterwegs und ich mit den Kindern allein auf der ungeheuerlichen Insel. Ich schluckte betroffen, denn sein ständiges Blinzeln und die zusammengekniffenen Lippen verrieten sein Lügengerüst. Im Morgengrauen kletterte ich hungrig durchs Fenster, heimlich schlich ich die Holztreppe hinauf. Er machte sich gerade ein Sandwich und belegte es noch mit Schmelzkäse, als ich durch einen Türspalt die Schmauchspuren an seinen Händen entdeckte. Die Kinder waren fort, denn es war totenstill im Haus. Doch die Bilder, die ich sah, gingen mir nicht mehr aus dem Kopf und nun in diesem Moment hier im Auto, während ich fuhr, war mir nicht klar, ob ich fantasierte, oder ob es stimmte, was ich gesehen hatte, als ich ins Haus kam. Wo zum Teufel waren meine Medikamente? Tatsächlich alle? Meine Augen auf den Fußboden vor dem Sitz gerichtet, hoffte ich noch einige in Folie geschweißt, die möglicherweise hinausgerutscht waren, zu finden. Schon lange litt ich entsetzlich unter den schlimmen Träumen, die mich in letzter Zeit häufig heimsuchten, sich oft bewahrheiteten und nicht mehr losließen und so ertappte ich Edward heute nach etlichen Nachforschungen auf frischer Tat und fand keine Zeit mehr mich anzukleiden. Es war sogar möglich, dass er mir bereits folgte. Dem Herrn sei Dank, besaßen wir nur diesen verbeulten Kombi, sodass es einige Zeit dauern konnte, bis er mir folgte. So musste ich mich beeilen und würde keine weitere Minute mit diesem unbekannten Menschen verbringen wollen, nach dieser verhängnisvollen und brutalen Tat. Ich betrachtete die helle Papiertüte auf dem Beifahrersitz, die dunkelrote Farbe durchtränkte diese längst und es wurde Zeit zu verschwinden. Mein Gesicht war tränennass und selbst die Nase tropfte, die Sicht war verschleiert. Der Buchungsbeleg für die Reservierung des Zimmers in einem gemütlichen Motel lag bereits in meiner Handtasche und der neue Ausweis mit dem Namen dieser Frau ebenfalls. In wenigen Minuten werde ich du sein, dachte ich und dich wird es nicht mehr geben. Diese Ansicht gefiel mir. Alle Vorbereitungen für diese Dinge waren sehr kostspielig und langwierig gewesen und hatten all meine Kraft und Ersparnisse aufgebraucht. Das Mädchen war nun meine Tochter und sollte bald ihr entzückendes Kleid in einem blassrosa Farbton tragen, das bereits im Kofferraum lag und dazu zwei gebundene Zöpfe in den Haaren. Genau wie in meinem Traum. Die Vorfreude siegte über die Trauer um meinen Sohn, Harun, der dafür sterben musste. Ich kramte mit der notdürftig verbundenen Hand nach der geladenen Schusswaffe im Fach, das Blut tropfte herunter und ich gab entschlossen Gas, verschwand im Schatten der dichten Bäume und holte das Fahrzeug immer weiter ein, bis ich mich schließlich ganz nahe hinter der ahnungslosen Frau mit dem glänzenden Fahrzeug befand. In der schummerigen Waldlichtung regte sich etwas, ich wurde nervös und vermutete, dass Edward mir bereits folgte, um mich zu töten. Die monotonen Bewegungen zwischen der Lichtung gehörten einer kräftigen Gestalt, die schwerfällig Erde zur Seite schaufelte und nicht aufsah, als unsere Fahrzeuge vorbeisausten. Die Gestalt warf etwas riesiges, in Folie Eingehülltes in die tiefe Kuhle und scharrte es eilig zu. Hatte er mich erwischt oder etwas bemerkt? Nein, eher nicht. Möglicherweise erwischte ich ihn. Mit neu erwachendem Selbstbewusstsein gab ich erneut Gas, steigerte mit riskantem Überholmanöver das Tempo und ließ sie unzählige Meter hinter mir zurück. Mein verbeultes Auto rappelte und stöhnte unter diesem Tempo, wie eine alte Grandma, die an einem Langlauf teilnahm und sich längst am Ende ihrer Kräfte befand. Meine Nerven strafften sich und ich konnte nicht erkennen, ob es die Vorfreude auf mein neues Leben war. Ich wusste, wie weit sie fahren würde, wo und wie die zurückhaltende Frau lebte, wie sie hieß und wann ich die Person aufhalten musste, sodass mein Plan auch wirklich funktionierte. Etliche Monate war ich in Gedanken diese Strecke entlanggefahren und hatte alles akribisch durchgespielt und recherchiert, wo sie wohnte, wie sie hieß, was sie tat. Die beschauliche Villa dieser Frau würde bald meine sein. Alles, was ihr gehörte, würde mir gehören, denn ich hieß nun nicht mehr Evelyn, sondern Julia de Monay und ich lächelte bei dem Gedanken daran, denn diese Frau vor mir war steinreich und mit allem gesegnet, was mir fehlte. Doch alles zu seiner Zeit. Ich rumpelte durch sämtliche Schlaglöcher und bemerkte, wie der Straßenschotter zu allen Seiten davonsprang, die Wehen erneut einsetzten. Die kleine Biegung nach weiteren Kilometern führte in Schlangenlinien auf eine zweite unebene Fahrbahn, die düster und unbeleuchtet zwischen dichten Wäldern verschwand. Nach dem gleißenden Sonnenlicht mussten sich die Augen erst an das dämmrige Licht gewöhnen, doch diese befuhr ich nicht und verweilte nun in dieser Schneise, die mein quergestelltes Auto für Sekunden in einem wohlwollenden Schutzmantel verbarg. Eine heilsame Ruhe vergrub sich zwischen einem wunderschönen Abendkonzert graziler Singvögel, die auf verkrüppelten Ästen ausharrten, bis die Nachtruhe vorüber war. Als ich mein schrottreifes Fahrzeug mit der Papiertüte verließ, eilig die Ledertasche und den Benzinkanister aus dem Kofferraum holte, roch ich den schwebenden Blütenduft in der Luft, blickte mich nicht mehr nach meinem Sohn um und hörte es im nächsten Augenblick auch schon lautstark plumpsen. Rums. Was raus ist, passt nicht wieder rein, verstand ich und es wurde finster um mich herum und ich dachte daher, das die Abenddämmerung einsetzte ... Doch als es sich allmählich wieder lichtete, saß ich auf einem unbequemen Sofa und wusste nicht mehr, was geschehen war. Mir gegenüber eine Psychologin, die sich Dr. Hayes nannte. Ich fühlte mich wie die Neunjährige von damals, in ihren Augen erkannte ich Entsetzen und sie versuchte es zu überspielen. „Wissen Sie wirklich nicht, was Sie vor 24 Stunden getan haben?", fragte die Psychologin nachdenklich und betrachtete meine Hände und nickte dem Polizisten vor der verriegelten Zimmertür zu. „Nein", wisperte ich lautlos und meine Hände wanderten unter Klirren der Handschellen zu meiner flach gewordenen Bauchwölbung. Leere. Mein Bauch hing schlaff nach unten und meine verletzte Hand trug nun eine ordentliche Bandage.

„Wie alt sind Sie, wie ist Ihr Name? Können Sie mir das verraten?" Sie betrachtete den edlen Lack ihrer dunkelroten Fingernägel und zog ihre parfümierte Bluse zurecht, dann wanderten ihre Augen in meine Richtung und glitten wie ein Scanner an meinem Körper entlang, blieben dann an mir haften und ich fühlte mich plötzlich ertappt und wusste nicht, warum. „Sagen Sie mir Ihren Namen", hörte ich ihre feine Damenstimme nun mit Nachdruck sagen. Verraten Sie mir Ihren Namen", sie lehnte sich hörbar zurück und wirkte wie eine Marionette, als sie eine winzige Streichholzschachtel zwischen ihren Händen hielt. „Ich bin neun Jahre alt und meinen Namen kann ich Ihnen nicht verraten, meine Mama hat es mir verboten, mit Fremden zu reden." Mir fiel auf, wie unglaubwürdig meine Stimme klang, und ich erkannte, dass ich fremde Kleidung trug, außerdem ein Armband, das aus bunten Fäden bestand. Wer war ich bloß? Ich konnte mich an nichts mehr erinnern, außer an Jax, unsere Kindheit, einen unterirdischen Tunnel und wir waren so kurz davor gewesen, etwas Geheimnisvolles aufzulösen. Doch was? Wie alt war ich? Ich antwortete Dr. Hayes nicht mehr, sondern sah sie nur noch sprachlos an, denn sie kannte scheinbar die ganze Wahrheit über mich. Ich musste etwas Schlimmes angestellt haben. Das Einzige, woran ich mich erinnerte, war meine große Liebe Jax. Der Morgennebel um 4.30 Uhr und die Trauerweide, die wir passierten, um die Stufen der Tunnelgänge hinabzusteigen. Er sah so viel älter und männlicher aus, als er tatsächlich war, niemand würde ihn auf fünfzehn Jahre schätzen und er trug stets seine Kopfhörer um den Nacken geschlungen und sehr lockere Jeans, die seinen Slip mehr als erahnen ließen, sein Oberkörper von Muskeln gestrafft. Ich dachte daran, wie meine Zwillinge entstanden waren, als er heiser in mein Ohr flüsterte

„Du bist so schön", es absichtlich mit seinen Lippen berührte, seine Zunge fordernd an meinem Innenohr entlangfahren ließ und dann meinen Kopf zurück in den Nacken zog, als er hinter mir stand und meinen Po frech betrachtete. Er drehte mich zu sich herum und unerwartet glitten wir zwei auf den Steinboden, der zu den Kellergewölben mit brennenden Fackeln führte und wir rollten uns so, dass ich plötzlich mit gespreizten Beinen über seinem Gesicht saß und er schob mit seinen männlichen Händen meinen bunten Rock hinauf, den dünnen Slip mit der Zunge beiseite und ich stöhnte ungewohnt auf. „Sei still", hörte ich ihn. „Nicht so laut." Mein Verlangen nach ihm steigerte sich und meine Erinnerung kam langsam zurück. Wie sollte ich Dr. Hayes so etwas sagen? Sie würde mich für verrückt erklären. Ich musste fort, denn wir fanden etwas und ich wusste nun auch, was es gewesen war und wo Jax sich befand, doch meine Pflegeeltern waren bereits tot und ich wurde traurig. Edward hatte sie getötet.Genau in diesem Moment öffnete der Polizist die Tür und jemand trat ein. Er trug ein mir bekanntes Hemd, eine dunkelblaue Baumwollhose, die ich etliche Male für ihn gewaschen hatte, und er blickte mich streng an. „Erkennen Sie diesen Mann, Evelyn", fragte Dr. Hayes mich vorsichtig und beobachtete jede Regung in meinem Gesicht. „Nein? Es ist Ihr Ehemann Edward, er wird Sie in die Psychiatrie zurückbegleiten und wir nehmen Ihnen nun die Handschellen ab. Einzelne Streichhölzer wanderten flink durch ihre gelenkigen Finger und nun erkannte ich es unverblümt, sie war tatsächlich nervös. Motel Die lila Libelle. Natürlich!

Das Insekt auf der Schachtel schob alle Zweifel beiseite und sie hielt mir einen Becher mit Diazepam entgegen. „Schlucken Sie diese und es wird Ihnen sofort besser gehen." Edward und sie wechselten einen langen, intensiven Blick. Ich musste sofort hier raus und brauchte einen Gegenstand, um sie alle außer Gefecht zu setzen, ansonsten war nicht nur ich verloren.

Dort auf dem Tisch lag ihr Kugelschreiber …

Land unter

Eindringlich sprach der drahtige, graubärtige Mann auf seine Freundin ein. „Gesine, du rennst so schnell du kannst in deine Wohnung, stopfst die wichtigsten Sachen in eine kleine Reisetasche und bist sofort wieder hier. Beeil dich und vergiss deine Papiere nicht." Mit großen, aufgerissenen Augen schaute sie ihn erschrocken an und flitzte los. Alles schien zum Hafen zu strömen, ernst und hastig kamen ihr einige Bekannte entgegen, grußlos liefen sie vorbei. Wo kamen denn die vielen Menschen her? Eben war doch noch alles still. Gesine stürzte die Treppe hinauf, nahm ihre Dokumentenmappe und schloss sich dem Strom in Richtung Hafen wieder an. Jeder drängelte sich in die Boote oder Schiffe. Es wurde nicht gesprochen. Der kleine Anleger leerte sich sehr schnell. Fiete suchte die Menge nach Gesine ab. Wo blieb sie nur? Ungeduldig biss er die Zähne zusammen. „Weg, nur weg hier", hämmerte es in seinem Kopf.

Eine Stunde zuvor ...

Die Augen zusammengekniffen und immer wieder den Horizont absuchend, stand ein älterer Mann an der Kaimauer. Sein Kinn war markant, seine grauen lockigen Haare wehten im Wind, die Hände steckten tief in den Jackentaschen – eine selbstbewusste, freundliche Person. Seinen 60. Geburtstag hatte er still mit seiner Familie gefeiert. Besondere Erwartungen an das Leben stellte er nicht mehr. Entbehrungsreich, karg, ja oft auch einsam gingen die Jahre ins Land. Umso mehr verwunderte es ihn, dass ausgerechnet Gesine, die vor 12 Jahren nach dem Sommer einfach geblieben war, sich in ihn verliebt hatte. Menschen blieben entweder immer oder verschwanden sofort wieder. Diese Frau liebte diese Insel, fügte sich ein in die Gemeinschaft, blieb jedoch stets distanziert. Jede freie Minute verbrachte sie an dem kleinen Strand, schwamm mit den Robben und genoss die Sonne in vollen Zügen. Ihr Lachen hörte man schon von Weitem und mit ihren bunten Kleidern brachte sie Farbe auf die Insel. Die Männer freuten sich über den weiblichen Zuwachs, aber leider waren die Versuche, bei ihr anzudocken, vergebens. So beruhigten sich die Gemüter nach einiger Zeit, die Ehefrauen entspannten sich und dankten es ihr schweigend.

Aufmerksam hatte er beobachtet, wie sie den Tee zubereitete. Dreimal die Blätter mit heißem Wasser gespült und dann zwei Minuten ziehen lassen. Er liebte jeden ihrer Handgriffe dabei. Vorsichtig hielt sie danach ihre Tasse mit kräftigen Händen und schien ganz in dem Getränk zu versinken. Ihre Haltung drückte Dankbarkeit aus. Sie wertschätzte den Genuss. Überhaupt aß sie langsam. Alles an ihr war faszinierend. Sie saßen oft in ihrer gemütlichen Küche, die reich ausgestattet war mit Büchern, Geschirr, Bildern, Körben ... voll mit Erinnerungen aus allen Lebensstationen. Weit gereist waren sie beide und dennoch war die Insel für sie das Wichtigste – Heimat eben. Wenn sie erzählte, sprach sie mit dem ganzen Körper, untermalte das Geschehen mit Händen und Füßen. Er konnte sich gar nicht sattsehen an ihr. Diese stattliche Frau war trotz ihrer 50 Jahre ein verspieltes Mädchen geblieben. Ihr langes rotes Haar glänzte wie Kupfer, die großen, braunen Augen blickten stets wach auf ihre Umgebung herab. Den Kopf hielt sie meist ein bisschen schräg und gebeugt, wohl weil sie so groß war.

Die Thermoskanne mit Tee, einige Kekse und Apfelschnitze im Korb stand er in der Nähe des Anlegers. Gleich würde sie Feierabend machen. Würde sie sich freuen? Vor genau 40 Tagen hatte er im Vorbeigehen erzählt, dass eine Wohnung mit Meerblick in seinem Haus frei werden würde. „Meerblick –

in der ersten Reihe? Toll! Muss ich mir anschauen. Hast du den Schlüssel?" Er schmunzelte. „Nein, aber ich wohne drunter. Kannst ja meine anschauen, wenn du willst. Die ist vom Schnitt identisch." Misstrauisch beäugte sie ihn, lachte und entgegnete: „Hast du auch eine Plattensammlung?" Das war so typisch für sie. Frech, schlagfertig, immer mit einem schelmischen Lächeln auf dem Gesicht – friesisch herb eben. Eine leichte Brise kam auf und wehte ihren Duft zu ihm. Er musste sich zwingen stehen zu bleiben, aber es zog ihn magisch an. „Wir grillen heute Abend, komm doch einfach vorbei, wenn du Lust hast."

Es wurde eine lange Nacht. Lustig und aufgekratzt erzählten sie stundenlang Geschichten. Sie entdeckten viele Gemeinsamkeiten und sahen sich einmal lange an. „Ich habe dich gar nicht so richtig wahrgenommen. Du bist ein wunderbarer und lieber Mensch", sagte Gesine plötzlich zu ihm. Das Rauschen des Meeres, der helle Sternenhimmel, liebe Menschen um sich ... Gesine und Fiete verloren die Zeit und vergaßen die Wohnung völlig. Einen Schatz bewahrend genossen sie die Aufmerksamkeit des anderen. Ganz neu war das und geradezu eine Sensation. Sie konnten ihr Glück kaum fassen, dass sich auf der Zielgerade des Lebens dieses Wunder ereignen würde.

„Da scha man n 'Ding", murmelte er und nahm seinen Korb vom Boden auf. Während er ihn abgestellt hatte, war er nass geworden. Verwundert dachte er zunächst, dass die Thermosflasche ausgelaufen wäre, aber die war dicht. Fiete war niemals nachlässig. Sofort ging er den Dingen auf den Grund. Wo kam das Wasser her? Jetzt bemerkte er, dass sich Feuchtigkeit in vielen Mulden angesammelt hatte. Von unten drückte sich Wasser durch die Steine. Es stieg langsam, aber ständig. Alarmiert straffte sich sein Körper. In Windeseile nahm er sein altes Handy, drückte hastig darauf herum, fluchte und hörte die knarzige Stimme von Lars. „Land unter." „Mann Fiete, mach keinen Scheiß."

Die Insel lag nur knapp 12 Meter über dem Meeresspiegel. Mühselig hatte man dem Meer das Land abgerungen. Die hohe Mauer rund um die kleine Gemeinde schützte die Häuser. Bei Unwetter retteten sich die Bewohner oft in den Leuchtturm, der weithin wie ein mahnender Zeigefinger hoch aus dem Wasser ragte. An klaren Tagen war er sogar vom Festland aus zu sehen. Die Stürme im Winter hatten selten größere Schäden angerichtet. Die Häuser standen auf rotem Sandstein, der langsam, aber sicher vom Wasser abgetragen wurde. Alle paar Jahre wurde das Fundament von Tauchern abgesucht und auf Festigkeit überprüft. Wann war dies das letzte Mal geschehen?

Die Insel war ein winziges Kleinod inmitten des Meeres, gerade mal 700 qm groß. Ab und zu sammelte sich Sand vor der Kaimauer. Eine winzige Wanderdüne, die oft ganz verschwand oder trügerisch weich wurde und wer es nicht besser wusste – meist Touristen, die die Warnschilder missachteten –, steckte schon mal bis zur Brust im Treibsand. Lange Planken lagen zur Rettung bereit, wenn ein „Klugschieter" nicht lesen konnte. Es bestand eine Art Hassliebe zwischen den Landratten und den Insulanern. Man brauchte das Geld, aber gleichzeitig wollte man lieber unter sich bleiben. Autos waren nicht gestattet. Nicht einmal Fahrräder. Einzig ein kleiner Wagen für Gepäck stand zur Verfügung. Da überließen sich viele Gäste ungezügelt dem Rausch. Was anderes als Vögel beobachten, tauchen oder zusammensitzen und Bier trinken konnte man hier schon erleben? Ein besonderer Spaß war es immer, wenn ahnungslose Ausflügler mit ihrem Eis, Würstchen oder anderen Leckereien gemütlich am Hafen entlangschlenderten. Wie aus dem Nichts schossen die hungrigen Möwen auf die armen Menschen los und stibitzen aus der Hand oder gar aus dem Mund die Köstlichkeiten. Es war schon ein einträgliches Geschäft für Fietes Cousins geworden. Mit dem Handy in der Hand filmten sie die Attacken und verkauften den fassungslosen Festländern die Videos. Meist mit dem Kommentar: „Möwen füttern ist hier verboten."

Gleich würden die Tagestouristen die Insel verlassen und bis auf einige Urlauber würde es ein ruhiges Wochenende werden, wenn da nicht das Wasser wäre. „Wieso drückt sich das hier durch den Boden?" Fiete und Lars eilten zum Bürgermeister. Claasen kam ihnen schon aufgeregt entgegen. „Was machen wir jetzt? Es sind ungefähr 300 Leute auf der Insel. Wie wollen wir die alle evakuieren? Die Alten kriegen wir nie im Leben aus ihren Häusern. Die sind hier geboren und wollen hier auch sterben. Überhaupt, wo sollen wir hin?" Die drei Männer starrten sich entsetzt an. Lars meinte: „Im Hafen liegen drei Schiffe, wir müssen auch mit drauf. Wir haben keine Wahl." Die beiden Männer nickten. „Wir müssen jetzt besonnen handeln. Wenn eine Panik ausbricht, haben wir verloren. Wenn sich jeder noch große Koffer packt, haben wir auch verloren. Wie kriegen wir die Leute von der Insel? Was passiert dann? Was sollen wir auf dem Festland? Ist das das Ende meines Lebens mit nichts dazustehen?" Fiete zog die beiden auf die nächste Bank. Seine Beine waren wie gelähmt. Er musste sich setzen. Bedächtig sprach er leise: „Es geht um jede Minute und ich möchte hier nicht absaufen. Wir nehmen das Megafon, bitten alle diszipliniert und langsam zum Hafen zu kommen. Ich organisiere eine Telefonkette und dann können wir nur noch beten." Claasen rieb sich das Kinn. Gab es eine andere Möglichkeit? Konnte der Plan gelingen? Fiete brauste auf und schrie: „Claasen, komm in Gang! Ruf sofort auf den Schiffen an, damit die nicht ohne uns auslaufen." Lars zuckte zusammen. Er hatte Fiete noch nie so energisch erlebt. Der Bürgermeister war erstarrt vor Schreck. Unfähig, einen klaren Gedanken zu fassen, knetete er seine Hände. Fiete merkte, dass Claasen mit der Situation überfordert war und übernahm kurzerhand. „Claasen, du nimmst jetzt deine Frau, ihr nehmt nur eure Papiere und kommt runter zum Hafen. Unterwegs klingelst du an jedem Haus und machst eine Ansage. In deiner Straße wohnen die ältesten Bewohner. Die wissen, wie es um uns steht. Jeden

Einzelnen machst du zu einem weiteren Informanten. Wenn wir alle fünf Straßen systematisch abklappern, dann könnte es funktionieren. Wir müssen aber JETZT damit anfangen." Lars nickte und bot sich an, alle Fischer zu mobilisieren. Fiete eilte mit seinen Cousins zu seiner Mutter. Kurzerhand packten sie die alte Frau in einen Stuhl und trugen sie zum Hafen. Ihre Handtasche umklammernd, wimmerte sie vor sich hin. Sie war schon sehr betagt und zum Glück federleicht.

Auf der Insel wirbelten die Menschen durcheinander. Die Touristen waren schon fast alle an Bord gegangen, als die ersten Insulaner mit Sack und Pack zum Hafen strömten. Es entstand ein mächtiges Gedränge vor den Schiffen. Ansagen der Kapitäne, die Ruhe zu bewahren, ein Schieben und Schubsen je nach Temperament. Die Situation drohte zu eskalieren. Immer noch standen etwa 70 Menschen am Kai. In den Fischerbooten drängten sich zu viele Menschen. Rigoros wurde abgelegt, das nächste Boot rückte nach.

Fiete war der letzte in der Reihe und sah von Ferne Gesines rotes Haar in der Menge. Jetzt bemerkte sie ihn und winkte. Drei leere Boote lagen noch vor ihm. Er sah seine Mutter mit seinen Cousins. Doch wo war Lars? Sein Herz pochte wie verrückt. Dann sah er seinen Freund. Er hielt seine Katze im Arm. Der hat Nerven, dachte Fiete, aber ja – warum sollte sie nicht gerettet werden. Sorgsam verstaute er das Tier unter seiner Jacke. Nur das kleine Köpfchen war noch zu sehen. Ein leichter Nieselregen setzte ein. Auf dem nassen Steg rutschten die ersten, wurden von anderen gestützt und so füllten sich die letzten Boote. Fietes Mutter wurde von den Cousins ins Boot gehoben, Lars sprang mit seiner Katze hinein und als Gesine als Allerletzte dazukam, war der Steg leer.

Mit großem Abstand zueinander schossen die Boote und Schiffe aus dem Hafen. Waren alle gerettet? Gesine versuchte zu Fiete zu gelangen. Sie wusste nicht, warum alle so überstürzt das Weite suchten. Von den Geheimnissen unter der

Insel hatte sie zwar gehört, es aber als Seemannsgarn abgetan. Eine Insel auf einem unsicheren Untergrund – das war zu verrückt! Jetzt schaukelte das Boot heftiger und wurde wie von einer starken Hand angehoben. Hoch oben auf der Welle glitt es durch die Gischt. Fietes Mutter schrie auf, Lars schützte seine Katze und Gesine klammerte sich an Fiete. Bald wurden sie sanft von den Wellen weitergetragen. Die drei großen Schiffe lagen vor ihnen, die kleinen Fischerboote knapp dahinter. Es war es totenstill. Keiner sprach ein Wort. Langsam drehte sich Fiete um. „Was siehst du?", fragte Gesine. „Nichts!", entgegnete er. „Gar nichts mehr."

Quarantäne oder
Wie ein Mann Indien entdeckt

Wie soll man schreiben, wenn es keine Geschichten mehr gibt? Wenn es kein Leben mehr gibt, um lebhaft zu erzählen. Nichts was es wert wäre, auf Papier gebracht zu werden. Dem heiligen leeren Weiß. Es ist nun genau 412 Tage und 2 Stunden her, seitdem eine Seite von ihrer Nacktheit befreit wurde und die blasse Haut der Fasern Charakter bekam. Vor 412 Tagen war sie noch eine Tänzerin. Leichtfüßig, in eine Mischung aus Perlen und Scheinwerferlicht getaucht, verschmolz sie zu dem, was dem Leser ein Abdruck dessen war, was er nie zuvor gesehen hatte. Ein Moment, den er oder sie, bevor die Worte aufgenommen und verarbeitet wurden, nicht zu denken vermochte. Einer Emotion, die ihn in anderen Sphären schweben ließ und im Schweiß des Tanzes beinahe ertränkte.

Die Menschen befassten sich nicht mit Fantastereien. Wie auch, in einer Realität, die so viel Potenzial zur Bewältigung birgt. Man kreist um die eigenen Probleme. Um Rechnungen, Arbeit, die Liebe und Ordnung. Jeder entspricht einem Bild, dessen Ideal man sich selbst zur Last gemacht hat, in der Überzeugung, es würde einen erfüllen. Einem Sinn gleichkommen. Und doch sehnt man sich, je näher man dem Trugbild zu kommen scheint, nach etwas anderem. Nach einem Riss im Glas des Spiegels. Etwas, das so außerhalb der Norm wandelt, dass die Realität für einen flüchtigen Augenblick nur ein gehauchtes Nichts ist. Hier, in diesem Moment, in dem der Mensch seinen Zwängen Raum gibt, in denen sie verklingen, tanzt die bleiche Schönheit wieder. Dumpfe Saxofone mischen sich zu den rauen Stimmen einer Gruppe, ein Schlagzeug zu den Klängen der Champagnerkorken. Inmitten des Chaos ein Moment der Versuchung verspricht. Real und doch nur auf Papier gehaltenes Gedankenspiel. Unbeirrt von allem Trubel, taucht es den vorher so verkommenen Raum in warmes Licht.

Es ist 412 Tage her, dass die Seite ein letztes Mal ihr grandioses Solo zelebrierte und das Leben zu einem Triptychon von Otto Dix werden ließ.

15:45, Mittwoch. Die rötliche Nachmittagssonne reflektierte von den kargen Betonwänden der 23 Quadratmeter Wohnung im Herzen Kreuzbergs. Wirbel aus Staub und Pollen lieferten sich in ihrem zweifellos abnehmenden Glanz den alltäglichen Kampf, der das Licht wie eine Nebelwand zu vertreiben versucht. Seine Netzhaut brannte, als Heikos rastlose Augen zum ersten Mal an diesem Tag das Leben außerhalb seiner Gewohnheit zu begreifen schien. Er wirkte abgekämpft. Mehr als er es für seine jungen Jahre sein sollte, aber noch nicht genug, um einen geeigneten Kandidaten für RTLs Morgenprogramm abzugeben. Seine Hand wanderte über den Glastisch, der wie alles andere in seiner Wohnung deplatziert den Raum füllte. Neben einigen Bierflaschen, deren Inhalt seit Tagen unberührt Geruch verströmte, ertastete er eine Zigarette. Den ersten Zug nehmend fühlte er sich wie in sonst keinem anderen Augenblick. Nur als er vor knapp zwei Jahren nach Berlin gekommen war, hatte er dieses Gefühl noch regelmäßig und ohne die Befriedigung, die sein Körper durch das Nikotin bekam. Damals verbrachte er seine Tage nicht ausschließlich auf der Couch – sie endeten vielmehr dort und das selten allein. Er umgab sich mit seiner Olympia, einem Glas Whiskey und Papier, nur um das Klischee zu leben, dass ihn so faszinierte. Kurz zuvor hatte er sein erstes Buch geschrieben. Ein Werk von minderer Qualität und Tiefe, doch genug um es verlegen lassen zu können. 1253 Exemplare hatte er verkauft. Es sei „realitätsnah – aus dem Leben gegriffen"– man verglich ihn mit Bukowski und Hemingway, wenngleich es im Wesentlichen nicht mehr war als eine Katalogisierung seines morgendlichen Stuhlgangs und der Momente, die dazu geführt hatten.

Das Feuer seiner Zigarette brannte in der Lunge, als er es in den Filter sog. Er drückte den Stummel in die Erde einer Kaktee, die ihm seine Eltern vor ein paar Monaten zur Aufmunterung geschenkt hatten. Seinen ursprünglichen Aschenbecher hatte er im Suff aus dem Fenster geworfen. Zum Glück wurde niemand davon getroffen, auch wenn es ihm egal gewesen wäre, wenn er einen seiner unsäglichen Nachbarn aus Versehen um eine Platzwunde bereichert hätte. Langsam erhob er sich und ging ins Bad. Seinen Penis in der rechten und die Zahnbürste in der linken Hand lehnte er über der Kloschüssel und ging seiner Morgenroutine nach. Routinen, hatte er mal in einem Interview gehört, würden den Kopf frei halten für wichtigere Dinge. Fünf lange Minuten später fand er sich halbwegs angezogen in dem wieder, was man als Küche bezeichnen konnte. Die Sonne, die ihm vorhin noch etwas Licht gespendet hatte, war mittlerweile fast vollständig hinter den Häuserschluchten verschwunden. Es war nichts Außergewöhnliches mehr, dass er nur wenige Stunden mit der Sonne teilte, was man neben seinen Augenringen auch an seiner fahlen Haut erkennen konnte. Er war immer schon ein Nachtmensch gewesen. Auch wenn sich die Nächte früher noch mehr wie Tage angefühlt hatten. Sein Handy vibrierte, er beachtete es nicht weiter. Entweder waren es seine Eltern oder irgendwelche Firmen. Beides konnte er im Moment nicht brauchen. Missmutig betätigte er den Lichtschalter und eine alte Stehlampe erhellte den Raum. Aus einer Schublade der ramponierten Küchenzeile kramte er einen Wasserkocher und einen Beutel Schwarztee hervor, den er sich auf dem spärlichen Ceranfeld aufkochte. Es schien ihm fast extravagant, ein Ceranfeld zu besitzen, aber sein Vormieter hatte offenbar Wert darauf gelegt. Beim Einzug hatte er es mit der gesamten Küchenzeile für 300 Euro übernommen. Billiger als eine neue Küche zu kaufen und auch definitiv bequemer. Der Tee war verkalkt. Was zweifelsohne am Wasserkocher lag, den er quasi nie reinigte. Dennoch würgte er ihn herunter. Das Teein strömte durch seinen Körper. Er trank nur sehr ungern Tee, aber von Energy Drinks und Kaffee wurde sein Harndrang stärker und er verbrachte die halbe Nacht damit, das Getränk wieder aus seinem System zu spülen. Die schwarzen Zeiger der Quarzuhr, die er an der Wand hängen hatte, zeigten 17:00 Uhr an. Eine Stunde und fünfzehn Minuten darauf verschwendet, einem Tag zu begegnen, der in seiner Struktur jedem anderen aufs Haar genau glich. Ende der Routine. Ab jetzt war er frei. Früher wäre er zum Bäcker gegangen, hätte ein paar Semmeln geholt und wäre dann zu Max oder Meike gefahren. Nachdem er dort sein Frühstück nachgeholt hätte, ging es meist ins Kreuzi. Zwei, maximal drei Runden und etwas Dart später wieder heim. Zu seiner Olympia. Aber diese Zeiten waren vorbei. Max und Meike hatten sich vor einem halben Jahr zerstritten, nachdem er etwas mit ihrer Cousine angefangen hatte. Was an sich nach ein paar Drinks und einem klärenden Gespräch aus der Welt geschafft wäre, hätte er nicht einen Tag zuvor, nach Monaten der Flirterei, seinen Weg in Meikes Bett gefunden. Nachdem sie ihn gezwungen hatten, eine Seite zu wählen, hatte er zu keinen der beiden noch Kontakt. Die Wochen darauf ging er allein ins Kreuzi und trank dort meist mit Fremden, die es nie für nötig gehalten hatten, auch nur Telefonnummern auszutauschen. Seine Olympia verstaubte unterdessen auf dem Schreibtisch, der vom Fenster aus Einblick in die Appartements der anderen Bewohner bot. Am Glastisch hatte er zu viel Angst, er könnte sie mit Bier übergießen oder auf andere Art besudeln. Wenngleich er sie nicht mehr nutzte, war sie ihm doch heilig. Als er sie damals auf einem Flohmarkt im Spreewald zum ersten Mal gesehen hatte, verliebte er sich sofort. Nicht in ihr Aussehen, viel mehr in das, was sie ausstrahlte, was er jedes Mal fühlte, wenn er ihre schwarzen Tasten herunterdrückte, eine Seite Papier nachschob oder den Schlitten zurücksetzte. Beinahe ironisch war es, dass das erste Buch, das er auf ihr geschrieben hatte, fast ausschließlich von Stuhlgang handelte. Jedenfalls stand sie jetzt da und staubte vor sich hin.

Noch einmal die Tasten drücken, Papier um Papier nachschieben. Sich verlieren und wiederfinden auf 400 Seiten, die nicht mehr nur weiß sind. Seiten, die mit jedem Wort Leben versprühen. Papier, in dem man sich wieder und wieder sieht. Mit Freunden; im Kreuz; im Leben. Lächelnd den Tag verabschieden und begrüßen.

Der Gedanke brannte in seinem Kopf. Es schmerzte fast schon, ihn zu halten, wenngleich es schlimmer wurde, sobald er ihn nur etwas leichter hielt.

Ins Kreuzi konnte er nicht mehr gehen. Nicht nur weil es ohne Meike und Max ohnehin nicht mehr so viel Zerstreuung bereitete, sondern auch, weil es das Kreuzi nicht mehr gab. Vor ein paar Monaten wurde das letzte Bier ausgeschenkt und all die Junkies und Raver, die der Kneipe den nötigen Flair verpasst hatten, wurden noch am selben Tag in den Görlitzer Park verbannt. Lieber Drogen im Park als Außengastro unter Aufsicht. So waren die Zeiten nun mal.

Heikos Blick wanderte im Raum umher. Nach kurzer Zeit fing er einen alten Kalender ein, dessen Blätter früher mit Post-its zugeklebt waren und nur so vor Verpflichtungen trieften. Der Dezember war leer, genauso wie der November davor. Zwei Monate ohne Termine. An sich ein absurder Gedanke. Zwei Monate ohne eine einzige Verpflichtung. Ohne Treffen, Arbeit oder Uni, die seine Anwesenheit verlangt hätten. Wie schnell ein Leben entbehrlich werden kann. Natürlich nicht aus emotionaler Sicht, sondern rein pragmatisch. 60 Tage ohne einen Freund, der sich überlegt hätte, wie schön doch ein Tag mit Heiko gewesen wäre. Ohne eine Arbeit, die auf seine Versiertheit gebaut hätte und ohne eine Universität, der die lückenhafte Anwesenheitsliste aufgefallen wäre.

Heiko musste schmunzeln.

Die Situation hatte etwas für sich. Endlich, zum ersten Mal in seinem jungen Leben hatte er nichts anderes als sich selbst. Er konnte tun und lassen, was er wollte, niemand würde ihn einschränken. Eigentlich war er sein eigenes Sozialexperiment. Er war Chrisobál Colón und entdeckte gerade Unentdecktes. 60 Tage auf See und die kalte Kreuzberger Sozialwohnung war sein Indien.

Langsam schlurfte er zum Schreibtisch und zog den Stuhl ein wenig nach hinten. Gerade weit genug, dass er seinen drahtigen Körper in die Lücke quetschen und Platz nehmen konnte. Automatismen fingen an zu greifen. Den Deckel herunter, das Papier aus der Schublade. Drei Klopfer auf den Tisch, um den Stapel perfekt auszurichten. Papier rechts, Olympia links daneben.
    Er konnte tun und lassen, was er wollte, der Gedanke hallte in seinem Kopf wider. Niemand erwartet etwas. Alles, was ich jetzt mache, gehört ganz allein mir.

Kein Druck.

Kein Versagen.

Selbst wenn er den Text nicht fertig bekommen würde, könnte er niemanden enttäuschen. Das Schreiben gehörte in dieser Sekunde, wie zuletzt in Kindertagen, nur ihm. Seine Hand berührte das erste Blatt. Zunächst nur zaghaft, doch dann mit Bestimmtheit. Seine Olympia ratterte metallisch, als er das Papier einfädelte und das Rad zu drehen begann.
    Diesmal wird es nicht von Stuhlgang handeln, dachte er.

Zum ersten Mal in viel zu langer Zeit drückte er die leichten, schwarzen Tasten seiner Geliebten.

Es sind nun genau 412 Tage und 2 Stunden, seitdem eine Seite von ihrer Nacktheit befreit wurde und die blasse Haut der Fasern Charakter bekam.

Mundart-Gedichte

Beichdn

D Leitna Resi is in d Kira beichdn keïmma
und houfft, da Pfårra wird d Schuid voun iahr neïhmma.
„Houchwürd'n, ih hån a schware Sind begaunga
und außaehelich wås aungfaunga
mid mein neichn Nåchbarn in da Gåssn.
Ih schaum mi eh sou, dass ih mi hån mid eahm einlåssn
am Kiridå. Er houd ma scheïni Aug'n gmåchd,
miar håbm wås drunga und dabei vü glåchd.
Dabei houd si außagstölld, dass a ba miar wouhnt in da Gåssn,
daunn houd oans 's aundari ergeïbm und ih hån an låssn!"
Da Pfårra murmüld: „Resl, dein Föhtritt muisst berein,
ouft kaunn ih di ah voun dera Låst befrein.
Daunn seïgnd a s und spricht s lous:
„Deïs derf åwa nid sou weida geïhn!
Du muisst in Teifü seinan Valouckungan widasteïhn!
Dei Buße: 10 Rundn umman Friedhouf geïhn und laut betn!
Ih moa(n), sou lousst si dei valuarani Sööln nau rettn!"
Erleichtat deïnkt si d Resl: „Nid gschlaumpad, na pfui!
Deïs is gaunz scheïn vü fiar deïs oani mui!"
Åwa si hoit si draun und gehd in Kroaß.
Dabei begeïgnd s d Huiwa Moam af iahra Roas.
Deï frougt s glei: „Nau, Leitnarin, håbm s leichd wås ausgfreïssn,
dass s dou umman Friedhouf geïhn und betn meïssn?"
D Resi wulltad nid luign: „Jå, ih hån an Föhla gmåchd, an groußn,
ih hån af n Kiridå nouch a boar Spritza oan loussn!"

D' Huiwarin reißt 's. Sie is ah glei beichdn g'aunga
und houd, ouhni afn Pfoarra zan lousn, aufgreïgt aungfaunga:
„Hochwürdn, ih berei mei Sind! Ih hån geïstarn af d Nåchd,
währeïnd da Åbmdmeïss in da Kira s gleichi wia d Resl gmåchd!"
„Deïs gibt s jå nid, Huiwarin! Du ah? Mit deini 80 Joahr?
Und deïs ah nau in da Kira währeïnd da Meïss sougoar?
A sou wås woar nau nia dou, deïs is gwiss!
Dazöühl ma, wia s dazui keïmma is!"
D' Huiwarin drauf: „Na jå, deïs houd sein miassn af da Stöll
und is daunn gaunga ziemli schnöll:
am eascht houd a mi zwickt, daunn druckt
und mi ågoawad wia varruckt.
Ih wuitad eh nau außi af d Gåssn,
åwa si woar schoun z' spåd, oisa hån ih n hoid glei drinnan låssn!"

Tscheïndarn, åwa richtich!

Si gibt Leid, deï übm si in da hochn Kunst,
wia ma-r-insa scheïni Språch vahunzt.
Deï wölln ah dauarnd wås varäindarn,
Neïhmts niar oanfåch hear deïs Tscheïndarn.
Dou wird prouwird mid ålla Gwålt,
si sou ausz'drucka, dass ah deïna Weiwa gfållt,
weul seï wöll'n ah aung'sproucha wern
waunn s gmoant sein, nid niar d Herrn!
Niar sein s' nid g'wiss, wia deïs sull geïhn!
Oda finds in Minista seini „Pozistn und Pozistinnen" eïppa scheïn?
Hädad da Shakespeare seinazeit schoun tscheïndard,
daunn warad sein ‚Romeo und Julia' gaunz varäindard:
„Nåchtigållarich und Lerch" klingad ziemlich bled,
weul s jå Mandarln woar'n – d' Weiwarln singa näimlich ned!
Schauts: bis hiaz woar ma oigemein jå gweïhnt,
dass deï deitsche Grammatik drei Gschlechta keïnnt:
mäinnlich, weiblich und sächlich fiar Såcha –
dou houd ma fåst koani Föhla kinna måcha.
In da Biologie woarn 's d läingsti Zeid niar zwoa:
mäinnlich und weiblich, deïs woar aniadn kloa(r).
Daunn houd ma in Zuch voum Tscheïndawauhn
durchgseïtzt, dass ma wiarkli koan ausgreïnzn kaunn.
Deï Aunreïd „Meine Damen und Herren", deïs woar oamoi,
politisch korrekt is 's åwa seit zwoa Joahr af guar koan Foi,
weul dou houd ma ois dritts Gschlecht „divers" eingfiahrt,
damit ma wiarkli koan diskriminieart!
Ba-r-oan Påss steht daunn dafiar oanfåch „X",
deïs is neutral, stärkt 's Söbstbewußtsein und schåd't ah nix.
Vuarschläig, wia ma si gschlechtneutral ausdrucka sui
houd 's jå eh geïbm meahr ois gmui:
Zan Beispül s „Binnan-I": åwa dou fühln si d' Emanz'n nid wohl,
weul in eahnari Aug'n is deïs a „Phallussymbol".

Stricharl unt, Sterndarl oubm, Schrägstrich, Eïndung -in:
ållas sterd gaunz gwoitich voun oan Text in Sinn,
weul deï Leïsbårkeit dou drunta leid't,
ah waunn s Gschlechtaneutralität bescheid't!
Außadeïm: am Eïnd voun oan Wurt a Stern
ois Zeichn fiar deï Gschlechta sehgn vüli guar nid gern.
Da Stern is näimli mäinnlich konnotierd!
Niar mid oana „Sternin" waradn Fraun nid diskriminierd,
åwa leida gibt s in koan Weartabuach deïs Wurt,
in koan Dudn, Mackensen oda Pons stehd deïs sou durt!
Oisan bleibt ins niar deïs aunghäingti „-in"
fiar weiblichi Persounan, oisdan „feminin":
sou hoaßt s hiaz „Minista, Ministarin" „Magista, Magistarin".
Oda, waunn ma eïppa kaunn a bissl Latein,
klingat fiar s leïztari ah „Magistra" bsundas fein!
Apropos – zu deïn Thema dou foit ma ein:
Ausschreibungan fiar a Führungspousitioun miass'n schou(n)
läinga gschlechtsneutral sein!
Suicht ma oisan wou oan Rektor oda-r-a Rektorin,
um irgandoa Institutioun zan leitn,
daunn is ma tscheïndamäißich af da sicharn Seitn,
ma schreibt oa(n)fåch neutral ‚Rektum' hin!
Ih wia s hoid hiazdan oamui prouwiern
und an tscheïndamäißich korrektn Text zan formuliern:
Da Huawa und sei Frau, deï Huawarin
reïnna gern. Ear is oisan a Leifa und sie a Leifarin.
Maunchasmui schmerzt eahm da Schädl, und sie d' Schädelin,
deïsweïgn geïngan s' midaranaund zan Doukta/za da Douktarin.
Dear/Deï vaschreibt eahna dageïgn a Rezept fiar Aspirin:
ba eahm schreibt a/s' åwa tscheïndagerecht niar „Aspir" hin.
Und wia hoaßat daunn deïs bam Geschlecht „divers"?
„Aspirix" klingad douch ziemli' pervers!
Aun deïn kurz'n G'satzl siacht ma schou(n):
deï Tscheïndaspråch heart si wiarkli grauslich au(n)!

Auszug aus
„Krapfen schmecken nachts besser"

Kapitel 6

Lina ist mal wieder weg. Weg im Sinne von nicht zu Hause. Mehrmals in Folge schläft sie jetzt schon bei ihrer Freundin Marlies. Überprüft habe ich die Geschichte nicht. Will ich auch nicht. Ich erinnere mich an meine Eltern und wie sie meine Treffen mit Freunden hinterfragten, kritisierten und am liebsten unterbunden hätten. Niemand war gut genug, keiner passte zu mir. Weibliche Freundschaften zu pflegen war schon schwer genug. Eine Freundschaft mit einem Jungen, unmöglich. Freunde zu treffen wurde gleichgesetzt mit Rauschgift nehmen, bei Freunden zu übernachten bedeutete für meine Eltern, an einer Sex-Orgie teilzunehmen. Das Resultat ihrer Erziehung mit Fesseln war eine 16-jährige Tochter, die eine Kugel vor sich hertrug. Eine Tochter, die ein Kind erwartete, in einem Alter, wo sie selbst noch eins war. Man kann sich ihren Gesichtsausdruck vorstellen, als ich ihnen davon erzählte. Bei meinem Vater hatte ich Angst, er würde gleich ersticken. Ich glaube, er hörte einige Minuten lang auf zu atmen. Meine Mutter kann mit solchen Situationen viel besser umgehen. Sie hat ja ihren Jesus. Blitzschnell faltete sie ihre Hände zum Gebet. „Maria und Josef, Jojo wie konntest du denn so einer Sünde verfallen?" Nette Worte, Mama. Wirklich nett. Ich weiß nicht wovon die beiden mehr geschockt waren. Von der Tatsache, dass sie bald Großeltern wurden und ihre Tochter, die noch nicht einmal einen ordentlichen Schulabschluss hatte, geschweige denn verheiratet war, schon Sex hatte. Oder davon, dass sie dieses Unglück auch noch vor der ganzen Pfarrgemeinschaft und natürlich vor ihrem allmächtigen Herrgott rechtfertigen mussten. Das „Hoppala", wie Carolina liebevoll genannt wurde, zerstöre in ihren Augen mein ganzes Leben. Sie verloren nicht ein einziges Wort darüber, dass sie eventuell sogar selbst etwas zu diesem „Unglück" beigetragen hatten. Die alleinige Schuld lag bei mir. Selbst Daniel, der ja wie man sich vorstellen kann, einen wesentlichen Teil dazu beigetragen hatte, wurde reingewaschen. ICH war der Übeltäter.

Marlies' Eltern sind nach Linas Angaben schon etwas älter. Der Vater sogar schon in Pension. Eine konträre Familiengeschichte also zu unserer. Lina fühlt sich wohl bei ihrer Freundin. Sie genießt dort die Ruhe und ist in Sicherheit vor den maskulinen Anwandlungen ihres Bruders. Und selbst wenn mal der ein oder andere Bursche zu Besuch kommt, nehme ich es gelassen. Lina soll ihre Jugend genießen. Erfahrungen mit Jungs gehören zum Erwachsenwerden. Wenn ich mir ausmale, dass sie irgendwann mit einem gebrochenen Herzen an meiner Schulter weint, balle ich jetzt schon die Fäuste. Diese Erfahrung möchte ich Lina gerne ersparen, weiß aber gleichzeitig, dass Herzschmerz schlussendlich auch dazugehört. Sie wird daran wachsen, daraus lernen, beim nächsten jungen Mann genauer hinschauen.

All das sind Erfahrungen, die mir erspart blieben. Sehr zulasten meiner Persönlichkeit. Ich wünschte, ich hätte auch genauer hinsehen dürfen, näher kennenlernen, auf die Schnauze fallen und ohne Pflaster, dafür aber mit gestärktem Selbstvertrauen weitermarschieren. Daniel war der einzige Mann in meinem Leben. Ich kannte und liebte und kenne und liebe nur Daniel.

Natürlich war ich früher auch öfter mal verliebt. Jonathan zum Beispiel habe ich vergöttert. Er besuchte die gleiche Schule wie ich, war allerdings drei oder sogar vier Jahre älter. Mehr als einmal träumte ich von ihm. Heute kann ich mich kaum noch erinnern, wie er aussah. Aber die ersten Schmetterlinge sind mir im Gedächtnis geblieben.

Ich vereinbarte mit Lina per SMS, dass ich sie gemeinsam mit Flo um neunzehn Uhr von ihrer Freundin abhole.

Mein lieber Sohnemann freut sich, als ich ihm erzähle, wir wären heute alleine. Trotz seiner oftmals distanzierten Art liebt er die ungeteilte Aufmerksamkeit. Besonders wenn sie von mir kommt.

Florian entscheidet sich für ein kleines Fußballmatch bei uns im Hof. Ich bin zwar kein würdiger Gegner für ihn, aber umso größer ist die Freude seinerseits, wenn er am Ende als Sieger den Platz verlässt. Trotzdem nehme ich mir vor, mich ganz besonders anzustrengen.

Heute darf ich ausnahmsweise den Torhüter spielen. Gemeinsam stecken wir uns ein Tor aus Stöcken zurecht und mit Straßenkreide zeichnen wir uns eine Torlinie. Ich gebe mir die größte Mühe, alle Bälle zu halten. Flo ärgert sich schon grün und blau, ich bin heute echt in Form. Langsam werden die Schüsse immer schärfer und ich bin plötzlich nicht mehr so souverän. Wenn er mir die Kugel ins Gesicht fetzt, schau ich lieb aus, denke ich. Also ducke ich mich bei beinahe jedem Torschuss. Nicht gerade eine Meisterleistung für einen Torhüter. Flo lacht sich kaputt. Das alleine macht mich glücklich.

Weil die Sonne mich ein wenig blendet, merke ich erst Minuten später, dass wir Zuschauer haben. David hockt mit seinem Sohn Linus und seiner Prinzessin Philomena im Gras und die drei amüsieren sich richtig gut. Allem Anschein nach liefern wir eine gute Show ab. „Bravo, Johanna, von dir kann Manuel Neuer noch was lernen!", ruft David und schmunzelt belustigt. Ich nehme Florian an der Hand und mache ihn mit unseren neuen Nachbarn bekannt. David begrüßt meinen Sohn mit einer Getto-Faust und dieser ist sichtlich erfreut über diese coole Geste. Philomena stellt sich wohlerzogen als Philo vor und plappert munter vor sich hin. Sie erzählt uns von ihren Puppen und warum diese heute nicht mit nach draußen kommen dürfen. Eine, die mit dem gelben Kleid, hatte ihr Frühstück nicht aufgegessen und die andere, die mit dem anderen gelben Kleid mit dem Loch an der Seite, weigerte sich, Sonnencreme zu benutzen. Philo ist eine strenge Puppenmama. Das kleine Mädchen spricht zwar noch ein wenig undeutlich, aber wenn man sich konzentriert, versteht man sie ganz gut. Sie redet außerdem ohne Punkt und Komma. Weiblich eben. Später erfahre ich das Alter der jungen Dame. Sie wurde vor einem Monat zwei Jahre jung.

Linus macht seiner Schwester keine Konkurrenz. Er ist entweder noch sehr schüchtern, weil er uns gerade erst kennenlernt, oder er ist eben eher ein ruhigerer Typ. Bei zwei Schwestern kann man sich ja schon mal schnell unterbuttern lassen. Davids ältere Tochter kann ich noch nicht einschätzen, aber Philo ist eindeutig der Chef. Ich frage mich, ob Davids Frau genauso selbstbewusst und kommunikativ ist wie ihre Kleine.

„Habt ihr was dagegen, wenn wir mitspielen?", fragt David meinen vor sich hin trippelnden Sohn. „Wir gegen euch wär cool", antwortet Flo. Das lassen sich David und Co nicht zweimal sagen. Linus springt sofort auf und läuft sich warm. Auch David reckt und streckt sich und ich bekomme langsam das Gefühl, die Sache wird kein Kinderspiel. David läuft kurz nach drinnen und kommt mit Faschings-Schminkstiften zurück. Er malt seinen Kindern und sich selbst einen blauen Punkt an die Stirn und Flo und meine Wenigkeit werden mit roten Punkten aufgehübscht. „So, das hätten wir. Muss leider sein, wir haben ja blöderweise keine Trikots." Ich finde die Idee lustig und an Flos Gesichtsausdruck erkenne ich, dass auch er sehr angetan ist. Wir sind also Team Rot. Flo führt vorab noch ein richtig professionelles Coaching-Gespräch mit mir. Er erklärt mir die wichtigsten Grundsätze des Fußballs in zwei Minuten. Auch er scheint dieses Spiel sehr ernst zu nehmen. Meine Ansprüche sind weniger hoch. Ich hoffe einfach nur darauf, mich nicht zu blamieren.

Das Match beginnt und ich freue mich bereits nach wenigen Minuten, dass David das Spielfeld vorhin noch etwas eingegrenzt hat. Die Schweißperlen stehen mir auf der Stirn. Ist nur mir so heiß? Philomena besetzt das Tor, David und Linus geben ein eingespieltes Team ab. Jeder Pass kommt sicher beim anderen an und Florian gibt sich alle Mühe ihnen den Ball abzunehmen. Endlich gelingt es ihm. Jetzt ist meine Zeit gekommen, mein großer Auftritt steht bevor. Stolz nehme ich Flos Pass an und konzentriere mich auf meine Füße. Nur nicht schlappmachen jetzt. Linus läuft auf mich zu und ich weiß, dass ich keine Chance gegen seine schnellen Beine habe. Daher bleibt mir nur eine Möglichkeit. Ich wage den Torschuss. Eine Sekunde lang denke ich, hoffentlich ist die kleine Maus nicht enttäuscht, wenn ich ihr jetzt den Ball ins Netz schiebe. Doch dann übt Flo schon Druck aus, indem er wie verrückt schreit: „Fetz ihn rein, Mama! Schnell!" Gesagt, getan. Drin ist er. Oh, wie bin ich stolz. Das erste Tor geht an Team Rot. War doch gar nicht so schwer. Florian brüllt freudestrahlend vor sich hin. „Oleee, ole, ole, ole, wir sind die Sieger, ole!" David gratuliert mir zu dem tollen Treffer und meint, wir sollten uns lieber noch nicht allzu sicher fühlen. Das Spiel fange gerade erst an. Typisch Mann. Gleich mal ein gekränktes Ego. Nun finden sich auch die Mitglieder des blauen Teams zur Besprechung am Spielfeldrand ein. Linus hat ganz rote Backen, so aufgeregt führt er das Taktikgespräch mit seinem Papa und seiner Schwester. Philo nickt in einer Tour und erklärt sich offensichtlich einverstanden mit den Vorgaben ihres Bruders. David schielt immer wieder zu uns rüber. Anscheinend ist es ihm wichtig, dass wir absolut nichts von ihrem Team-Meeting mitbekommen. Alles streng geheim.

Unsere Gegner sind jetzt so richtig aufgeheizt. Nun steht Linus im Tor. Bis ich den Positionswechsel schnalle, startet Team Blau auch schon einen Angriff. Mit dem Kopf deutet Flo an, dass ich mich rasch ins Tor begeben soll. Seine Augen sagen mir außerdem, ich solle mich gefälligst zusammenreißen. Eine Niederlage komme für ihn nicht infrage. Breitbeinig versuche ich im Kasten eine gute Figur abzugeben. Na, wartet nur, euch werde ich es zeigen. Philomena empfindet keinesfalls eine Art Mitgefühl für mich, wie ich es vorhin für sie empfand. Die kleine Lady verpasst dem Ball einen Tritt und schwupp, flattert auch schon das Netz hinter mir. Eins zu eins. Ich schwöre, das war keine Absicht. Das versichere ich auch Flo, als er mir vorwurfsvoll Belehrungen erteilt. „Konzentrier dich, Mama. Schau nicht immer so komisch herum. Du musst den Ball im Visier haben. Immer nur den Ball, Mama!" Das klingt fast so, als hätte ich inzwischen die Gänseblümchen auf der Wiese gezählt. Also noch einmal, volle Konzentration. David informiert uns nebenbei, ihr Mittagessen werde gleich geliefert. Es brauche also dringend einen Entscheidungstreffer.

Das Feuer in Florians Augen ist nicht zu übersehen. Ein Fußballspiel gegen seine neuen Nachbarn dürfe man unmöglich verlieren. Er nimmt den Ball mit dem linken Fuß an und kämpft sich sofort vor zum gegnerischen Tor. Diesmal muss er es mit Torhüter David aufnehmen. Kein leichtes Unterfangen wie sich zeigt. Beim ersten Versuch scheitert Flo kläglich. David lächelt, Florian ist das Lachen vergangen. Kurz fürchte ich einen schlimmen Zornesausbruch meines Sohnes, aber dann scheint sich seine Wut in Motivation zu verwandeln. Flo schnappt sich abermals den Ball und lässt Linus ziemlich doof aussehen.

Gerade kommt der Pizzabote an, ich sehe ihn bereits vor der Tür wartend, einen recht grimmigen Blick hat er aufgesetzt. David bittet ihn noch um einen Augenblick Geduld. Peinlich, denke ich. Gerade will ich das Spiel beenden und David darauf hinweisen, dass man Lieferanten nicht einfach vor der Tür warten lässt, da setzt Flo zum Schuss an. Linus hält sich die Augen zu. Mein kleiner Stürmer schießt und trifft. David schaut blöd aus der Wäsche, reagiert aber fair und schüttelt Florian die Hand. Auch Linus ist ein guter Verlierer, er beglückwünscht mich und meinen Teamkollegen und selbst die kleine Philo ruft: „Super gebielt!"

Ich bin fasziniert von Davids Kindern. Hut ab! Ich kenne Niederlagen nur mit darauffolgenden Tobsuchtsanfällen. Vielleicht können wir ja noch etwas lernen vom blauen Team.

Der Nachmittag verläuft nach Plan, was mich sehr froh macht. Ich liebe Pläne, die aufgehen. Mit Verschiebungen komme ich nicht klar. Wenn es anders kommt als gedacht, bin ich furchtbar unrund.

Die Hausaufgaben gehen Florian heute leicht von der Hand. Er macht sogar freiwillig noch zwei Seiten mehr Mathematik und schreibt eine zusätzliche Bildgeschichte. Warum kann nicht immer alles so glatt laufen?

Die Wohnung ist auf Vordermann, der Nudelsalat für das heutige Abendessen befindet sich fix und fertig im Kühlschrank und ich habe sogar noch Zeit, ein Buch aufzuschlagen. Ich lese bestimmt eine volle Stunde, dann klappe ich es zu. Wir müssen Lina abholen.

Weil heute alles so prima läuft, ist meine Laune dementsprechend gut und ich spüre Kraftreserven. Meine Batterie ist noch nicht leer, deshalb spiele ich mit dem Gedanken, noch ein bisschen laufen zu gehen. Florian und ich einigen uns darauf, dass ich zu Marlies' Haus laufe und er mich mit dem Fahrrad begleitet.

Marlies' Eltern bitten uns noch auf einen Happen ins Haus, aber ich lehne dankend ab. Die Kids sollen nicht zu spät ins Bett kommen. Und die Mami braucht ebenfalls dringend ihren Schönheitsschlaf.

Zu Hause genießen wir den köstlichen Nudelsalat und verspeisen als leckere Beilage zwei Knoblauchbaguettes. Wir unterhalten uns ungewöhnlich lange bei Tisch. Sowohl Lina als auch Flo haben viel zu erzählen. Jeder lässt den anderen aussprechen, keiner unterbricht oder kritisiert die Aussagen des anderen. Schön so. Leider sind solche Abende eine Seltenheit. Wahrscheinlich spüren die Kinder, wie gut es mir heute geht. Geht's der Mutter gut, geht's den Kindern gut. Es ist auf alle Fälle was dran an diesem Sprichwort.

Als meine Kinderlein im Bett sind, dusche ich lange und ausgiebig. Ich genieße den heißen Wasserstrahl auf meinem Rücken und trödle absichtlich ein bisschen bei der Haarwäsche, um das Gefühl der Wärme und Zufriedenheit heute mit in den Schlaf zu nehmen. In Momenten wie diesen ist das Leben schön. All der Stress löst sich in Luft auf. Vergessen sind sämtliche Aufgabenlisten. Das erste Mal seit vielen Monaten schaffe ich den Weg heraus aus dem Strudel der Verpflichtungen. Der Alltag hat plötzlich an Gewicht verloren.

Meine letzte Aktivität für heute soll der Eintrag ins Mutterhirn sein: **„Tage wie heute wiederholen!"**

Das Dorf und das alte Steinhaus

Avuncular ist für Semra der Inbegriff von Heimat.

„Auf jeden Fall will ich dort einmal begraben werden!" Ein etwas eigenartig anmutender Gedanke einer knapp Fünfzigjährigen, der aber viel von ihrer Haltung und Persönlichkeit verrät. Das wird mir im Laufe unseres Gespräches bewusst. Mit „dort" meint die Österreicherin mit türkischen Wurzeln das alte Steinhaus. Ein Steinhaus in der Türkei. Eigentlich nichts Besonderes. Davon gibt es in südlichen Gegenden Tausende. Auch in der Türkei. Für Semra Wang ist das mittlerweile etwas heruntergekommene Haus in einer hügeligen Lage in der Westtürkei aber etwas Einzigartiges. Ein Teil ihrer Identität und Geschichte. Ihrer Dorfgeschichte. Der in neun Buchstaben gegossene Inbegriff von Heimat – Avuncular.

Der Ort mit diesem zauberhaften Namen und seinen gut 20 Häusern gehört zu Erikli Köyü, das rund 200 Kilometer von Izmir entfernt liegt. Gute 30 Kilometer sind es nach Ödemis, der nächstgrößeren Stadt mit mehr als 80.000 Einwohnern. Dort lebt heute Semras ältere Schwester, zu der sie dank der Digitalisierung regelmäßigen Kontakt hat. Früher hat sie sie auch häufig im Sommer besucht. Seit ihr Vater Sami im Jahr 2013 verstorben ist, war sie aber nicht mehr dort. Nicht in Ödemis und auch nicht in Avuncular.

Mindestens 100 Jahre alt ist der solide Steinbau. Wahrscheinlich viel älter. Ein paar Stufen führen heute noch hinauf auf die Veranda mit Bretterboden. Links hinten die Feuerstelle zum Kochen im Winter, rechts die Abwäsche. Im Sommer wurde im gemauerten Ofen im Hof gekocht. Mit Holz. Durch die

Haustür betritt man über die Veranda zwei Räume. Eines der beiden Zimmer bewohnte Oma Cemile. Das zweite deren Sohn, Schwiegertochter und drei kleine Mädels. Die andere Oma, die Mutter von Semras Mutter, wohnte ein paar Steinhäuser weiter. Die Handvoll Häuser im Ort ähneln dem Haus von Semras Kindheit. Aufgefädelt an einer Straße. Zweckmäßig eingerichtet. Beheizt mit Holzöfen. Nicht isoliert. Heute steht das Haus ihrer Geburt leer. Die Kochstellen auf der Veranda und im Hof sind verwaist. Die Sitzplätze auf dem Geländer rundherum ebenso. Trotzdem bekommt man beim Zuhören das Gefühl, dass dort noch Leben herrscht. Oder zumindest ein Bild davon, wie es einmal gewesen ist in Avuncular. Dem kleinen Dorf ohne irgendwas – kein Lokal, kein Nahversorger, keine Post, keine Bank, keine Schule. Trotzdem spüre ich beim Zuhören förmlich die Sehnsucht nach dem Dorf und dem Haus der Kindheit, das die ersten acht Jahre ihres Lebens ihre Heimat war. Und auch heute noch ist. Das weiß ich am Ende des Gespräches mit Sicherheit.

Auch wenn es eine Kindheit in sehr bescheidenen Verhältnissen war, in die Semra und ihre Geschwister hineingeboren wurden, haben sie alle, zumindest die, die dort zur Welt kamen, einen starken Bezug zu diesem Dorf. Fließendes Wasser im Haus gab es nicht. Das kam von der Dorfwasserleitung in Kübeln oder Tontöpfen. Zum Glück lag das Haus der Großmutter nicht weit von der Wasserquelle des Ortes entfernt. So konnten Semra und ihre jüngere Schwester Cemile auch schon als kleine Kinder beim Wassertragen mithelfen.

An der Straße stehen ein paar Häuser. Alle ähnlich im Stil. An vier Händen abzuzählen. Dann noch ein paar Ställe. „Auch meine Oma hatte Hühner, Schafe und Kühe", erzählt sie. „Wir waren richtige Selbstversorger, produzierten vieles in stundenlanger mühevoller Arbeit selbst." Gut erinnern kann sie sich noch an die Joghurt- und Butter-Erzeugung. Wie die Oma gerührt und Rahm abgeschöpft hat. Und die Kinder sie umringten und mithelfen wollten. Natürlich auch ein bisschen naschen von den Köstlichkeiten, die die Natur ihnen schenkte. Wenn mehr rauskam, als die Familie verbrauchen konnte – an Butter und Joghurt –, dann wurde der Rest auf dem wöchentlichen Markt verkauft. Immer am Donnerstag. Hier verdienten sie gutes Geld, um andere Dinge fürs tägliche Leben dort anschaffen zu können.

Wenn die Kinder in der Schule im zwei Kilometer entfernten Erikli Köyü waren und die Frauen die Arbeit im Haus und im Stall erledigt hatten, wurde vor den Häusern auf den Kochstellen Essen zubereitet. Zur kälteren Jahreszeit auf der Veranda. Im Sommer im Hof. Für die Mädchen und Buben, die in der Mittagspause von der Schule kamen und die Männer, die auf den Feldern arbeiteten. Und danach hatten sie auch Zeit, zusammenzusitzen, zu stricken oder zu häkeln und miteinander zu reden. Denn die Kinder mussten zurück in die Schule. Der Unterricht dauerte den ganzen Tag. Also täglich mindestens viermal die Strecke vom Steinhaus nach Erikli Köyü in die Schule und zurück. Fotos davon gibt es nicht. Aber mit etwas Fantasie kann man sich ausmalen, wie die kleine dunkelhaarige Semra, die bereits mit fünf Jahren in die Schule ging, weil das damals noch nicht so genau war mit der Einschulung, gemeinsam mit anderen Kindern die Dorfstraße den Hügel hinauflief, um der Oma zu berichten, was sie heute gelernt haben. Die streng geflochtenen Zöpfe schon etwas zerzaust, das schwarze Kleid mit weißem Kragen – die Schuluniform – zerknittert. Von den Krägen gab es zwei Stück. Immer weiß und gestärkt sollten diese auf Wunsch der Schule das schwarze Kleid zieren. Und weil fünf ganze Tage zu viel sind für einen reinen weißen Kragen, wurde Mitte der Woche gewechselt. Der kollektive Kleider-Waschtag im Dorf fand am Wochenende statt.

„Der Schulweg ist immer lustig und kurzweilig gewesen", erinnert sie sich. Obwohl es täglich zu Fuß ging. Auch bei Wind und unwirtlichem Wetter. „Taxi Mama", wie es die Kinder hier in Österreich heute vielerorts kennen, gab es in der Türkei damals nicht. Wenn die ersten Häuser vor ihnen auftauchten, sie den Frauen zuwinkten und sie sich mittags hungrig auf die herrlichen Eintöpfe stürzen durften, dann war die Welt für die Kinder in Ordnung. Obwohl es viel Gemüse und sehr selten Fleisch gab. Das Aroma der Gewürze und Düfte verschiedenster Speisen, die die Mütter und Großmütter auf den Feuerstellen vor den Häusern zubereiteten, hat Semra heute noch in der Nase. Auch jene von getrockneten Feigen und den saftigen Pfirsichen als Nachspeise. Süßigkeiten gab es kaum, nur am Ende des Bayram-Festes, auf das sich die Kinder immer besonders freuten. Und später dann, als sich die Mädchen vom Taschengeld, das sie von ihrem Onkel bekamen, ein paar Kekse oder andere Schleckereien im kleinen Laden in Erikli Köyü kaufen konnten. „Schokolade", erinnert sich Semra zurück, „kannten wir nicht. Auch Kaugummi gab es nicht. Bananen haben wir in Österreich zum ersten Mal probiert." Trotzdem verneint sie die Frage, ob ihr in der Kindheit etwas gefehlt habe. „Im Gegenteil, das herrlich frische Essen direkt vom Feld und aus dem Stall vermisse ich manchmal", meint sie nachdenklich. „So etwas gibt es heute nicht mehr." Sogar Seife haben sie daheim in der Türkei ihrer Kindheit selbst gemacht. Auch an diesen aromatischen Duft kann sich die Mutter einer heranwachsenden Tochter noch ganz genau erinnern. „Die Seife roch ein bisschen nach Kräutern und Honig."

Acht Jahre ihrer Kindheit hat sie dort verbracht, wo es nur einen kleinen Holzherd als Heizung für den Winter und ein Waschbecken im einzigen Wohnraum für die fünf Familienmitglieder mit Plumps-Klo vor der Tür gab, bevor ihre Eltern sie und Cemile holten. Nach Österreich, wohin sie den Rufen des Arbeitsmarktservices – damals noch Arbeitsamt – gefolgt waren. Der Vater als Schneider und die Mutter als Büglerin in einer Salzburger Textilfirma. Die kleinere Schwester blieb vorerst noch bei der Oma im Steinhaus. Schon bald machte sich Vater Sami, der den Meisterbrief besaß, selbstständig. Die Mutter begann in der Schneiderei, die sich auf Näharbeiten und vor allem Änderungsarbeiten spezialisiert hatte, mitzuhelfen. Die Schneiderei florierte und ist heute noch Anlaufstelle in der Stadt Salzburg, wenn Kleidung repariert oder geändert werden muss. Vier Geschwister sind im Laufe der Jahre in Österreich zu den drei Mädchen dazugekommen. Heute sind sie insgesamt sieben, sechs davon in Österreich sesshaft. Nur eine Schwester lebt wieder in der Türkei.

Fest steht: Ihre Familie kam der Arbeit wegen in die Alpenrepublik und ist geblieben. Der Schweizer Schriftsteller Max Frisch hat Ähnliches bereits 1965 in einem Vorwort formuliert. „Wir riefen Arbeitskräfte und es kamen Menschen"[1], ein seither millionenfach zitierter Satz, wenn es um Themen wie Migration, Integration und Ausländerbeschäftigung geht. In der Zeit des Wirtschaftswunders warben europäische Staaten, darunter auch Österreich, „Gastarbeiter" an. Für die vielen Arbeitsplätze, die nicht mehr besetzt werden konnten. Für Arbeit, die die Einheimischen nicht mehr machen wollten. Zuerst kamen Arbeitswillige aus Italien, 1960 aus Griechenland und Spanien. Dann folgte die Türkei. Allein dort setzten sich mehr als 700.000 Menschen in Züge und Busse, um ins Wirtschaftswunderland Deutschland zu pilgern und dort gutes Geld zu verdienen. Auch Österreich bekam Unterstützung. Zwischen 1965 und 1973 belebten schätzungsweise 30.000 Türkinnen und Türken den österreichischen Arbeitsmarkt. Zuerst meist Männer aus ländlichen Regionen. Mit der Zeit holten sie ihre Angehörigen nach. Einige gingen nach der Pensionierung wieder zurück. Viele sind heimisch geworden. Sind gekommen, um zu bleiben.

---

1 Dieser Satz wurde erstmals im Vorwort zum Buch „Siamo italiani – Die Italiener" von Alexander J. Seiler, Zürich: EVZ 1965, erwähnt.

Die ersten Jahre waren für Semra und Cemile in Salzburg gar nicht so viel anders als in der Türkei. Eine bescheidene kleine Altbauwohnung mit Dusche und WC auf dem Gang war ihr neues Zuhause. Beides mussten sie sich mit anderen Familien teilen. Ein sehr bescheidenes Leben. Es galt, eine wachsende Familie zu versorgen und auch die Daheimgebliebenen zu unterstützen. Ein Gastarbeiterschicksal, das sie mit Tausenden anderen teilten. Die Schule lief gut. Anschluss war nicht schwierig. Im Sommer wurden die Großeltern besucht, Erinnerungen aufgefrischt. So zogen die Jahre ins Land, aus der gebürtigen Türkin wurde eine aufgeschlossene Österreicherin, die von sich behauptet, angekommen zu sein. Als nicht besonders religiös bezeichnet sie sich selber. Gewisse Rituale ihrer Religion versucht sie aber einzuhalten. Das sei ihr wichtig und Teil ihrer Identität. Daran änderte sich auch nichts, als sie Tiyao kennen- und lieben lernte. Und in die Familie Wang einheiratete.

Er ist Buddhist, sie Muslime. Er kommt aus China, sie aus der Türkei. Kennengelernt hat sich das interkulturelle Paar im katholisch geprägten Salzburg. Ihr Lebensmittelpunkt heute ist ein Ort im Flachgau. Tochter Aylin wächst als Österreicherin auf, die sowohl die hiesige als auch die islamische und buddhistische Kultur und Religion kennenlernen darf. „Entscheiden für eines der Glaubens- und Wertesysteme kann sie sich immer noch, wenn sie großjährig ist", sind sich die Eltern einig. „Oder das Beste aus jedem für ein eigenes nutzen." Ihre Eltern jedenfalls leben eine herausfordernde Beziehung. Herausfordernd, da die Kulturunterschiede zwischen den beiden Herkunftsländern allein schon enorm sind. Und dann noch hinzukommt, als kulturell gemischte Familie in einer völlig anderen Kultur zu leben. „Aber es geht gut", sagen Semra und Tiyao, „wenn man den festen Willen hat und auch die nötige Toleranz und Akzeptanz mitbringt." Entscheidend sei für sie beide, sich die Neugierde auf das jeweils andere zu erhalten und gegenseitiges Verständnis aufzubringen. Widersprüche aushalten lernen. Auch, wenn das manchmal an die persönlichen Grenzen stößt. Das, was die beiden als große Ähnlichkeit ihrer Kulturen sehen, ist die Stellung der Familie in ihren Herkunftsländern. „In der Türkei steht diese an oberster Stelle, da gibt es nichts Wichtigeres", erzählt Semra. „Und in China auch", wirft Tiyao ein. Und trotzdem orten sie auch hier Unterschiede, die schwer festzumachen, aber vorhanden sind. Vielleicht kann man es am besten mit dem Wort „Zusammenhalt" beschreiben, der in der Türkei möglicherweise noch stärker ist als in China. In ihrer Wahrnehmung zumindest. Ganz anders erleben sie diesen Zusammenhalt hier in Österreich. Kleine Familien, sehr viel Individualismus, lose Kontakte zu entfernteren Familienmitgliedern, wenn überhaupt. „Obwohl man auch hier zwischen Stadt und Land noch mal Unterschiede sieht", meint Tiyao. Seit 2005 leben die beiden in Straßwalchen, wo sie gemeinsam das Chinarestaurant Happy Chinese betreiben, sich über die vielen Stammkunden freuen und sich auch gut angenommen und integriert fühlen.

Etwa zeitgleich sind Tiyao Wang und Semra Sahbazlar nach Österreich gekommen. Über Familienzusammenführung, da die Vorfahren bereits in Österreich Fuß gefasst hatten. „Sein Urgroßvater", erinnert sich Tiayo Wang, „ist nach dem Zweiten Weltkrieg mit der transsibirischen Eisenbahn nach Polen gelangt. Mit Sack und Pack, um dort Geld zu verdienen und seiner Familie ein besseres Leben zu ermöglichen." Der Großvater ist dann schließlich in Österreich gelandet, nach Stationen in Polen und Holland. Dort gab es zu der Zeit noch keine Möglichkeiten, die Familie in die Fremde nachzuholen. In Österreich schon. Im Februar 1980 verließ Meizhu Wang mit ihrem Sohn Tiyao und den beiden Töchtern Peijing und Suijing das Heimatdorf Zhejiang Chian Tian, südlich von Shanghai. Dort hatten sie von Landwirtschaft und der Bearbeitung von Onyx gelebt. Auch Tiyao hat seine Dorfgeschichte. Eine chinesische.

Gekostet hat die Migration ein kleines Vermögen. Für die Ausreise waren pro Person rund 1000 Euro aufzubringen. Bei einem damaligen Durchschnittsgehalt von 20 bis 30 Euro monatlich leicht auszurechnen, wie lange die Familie dafür sparen musste. Außerdem musste jeder ein Rückflugticket vorweisen. Für den Fall der Fälle: Zurück nach Hause, falls das Visum nicht klappen sollte. Die beiden jüngeren Mädchen der Familie, Haijing und Haili, Tiyaos Schwestern, verließen ihr Dorf ein paar Jahre später. Heute sind alle erfolgreich in der Gastronomie tätig und bewirtschaften chinesische Lokale in Salzburg und Umgebung und sogar ein thailändisches. An den Anfang erinnert sich Tiyao noch gut. An die „bunte" Klasse in Salzburg, in die er nach einem kurzen Zwischenstopp in Wien eingeschrieben wurde und in der er kein Wort verstand. Und an die Klassenkameraden, die aus seinem für sie unaussprechbaren Namen ganz schnell einen „Jimmy" machten. „Die haben mich einfach umgetauft", lacht der leidenschaftliche Koch. Der Spitzname ist bis heute geblieben und viele kennen den Österreicher mit chinesischen Wurzeln auch besser unter diesem Namen. Auch deshalb, weil er sich am Telefon so meldet.

Jetzt möchte Semra nicht mehr in der Türkei leben, auch wenn sie die Sehnsucht nach Avuncular manchmal überkommt. „Schon allein wegen der Stellung der Frau, die dort noch eine ganz andere ist", sagt sie. Sie weiß das genau. Denn ihre Schwester ist wegen ihrer Heirat zurückgegangen. Sie kämpft immer noch mit der Kultur, die ihr während der vielen Jahre in Österreich fremd geworden ist und den Ansprüchen, die die Gesellschaft in der Türkei an Frauen stellt. Deshalb will Semra für ihre Tochter Aylin, dass sie sich in Österreich frei und unabhängig entwickeln und so ihren eigenen Weg als emanzipierte junge Frau finden kann. Die 14-Jährige ist gerade auf dem Weg in einen neuen Lebensabschnitt. In eine Modefachschule. Einer katholischen. Etwas weiter weg von ihrem Heimatort im Flachgau wird sie im Internat wohnen. Dort gibt es mit Sicherheit viel „österreichische Tradition". Die chinesische und türkische dann aber wieder an den Wochenenden und in den Ferien daheim. Ob sie sich einmal für eine entscheiden wird oder aus allen drei ihre eigene formt, wird die Zukunft zeigen. Derzeit erfreut sie sich an den vielen Festen, die in der Familie gefeiert werden – dem Chinesischem Neujahrsfest und dem Mondfest, dem muslimischen Bayram-Fest und natürlich dem christlichen Ostern und Weihnachten.

Semra sagt, sie fühlt sich gut integriert. Hat österreichische Freundinnen, einen Job – nein sogar zwei –, die sie er- und ihre Tage ausfüllen. Und auch Tiyao kann von sich behaupten, tatsächlich in Österreich angekommen zu sein. Aus Semras Sicht ist er viel mehr Österreicher als sie selbst. „Er kann sich auch gut vorstellen, seine Pension einmal so wie sein Vater zu gestalten: ein halbes Jahr in Österreich, ein halbes Jahr in China", erzählt sie. Das wäre für ihren Mann eine gute Möglichkeit, in beiden Kulturen daheim zu sein. Bis dahin gibt es aber noch viel zu tun. Das stressige Leben hier stört ihn wenig. „Dazu liebt er seine Arbeit zu sehr", sagt Semra. „Das Kochen ist Leidenschaft und Passion zugleich." Wenn man den österreichischen Chinesen in der Küche beim Hantieren mit den Töpfen und frischen Produkten zuschaut, glaubt man das gerne.

„Dass man die Wurzeln eines Menschen nicht verpflanzen kann", das steht für das interkulturelle Paar unverrückbar fest. Anderswo hingehen, ja. Einen neuen Lebensmittelpunkt suchen, ja. Sich integrieren, Fremdes akzeptieren und sich auch ein Stück weit anpassen, ja. Im Herzen bleibt man aber das, was einen seit Geburt geprägt hat. Und der Erde, auf der man geboren wurde, ist man auf ewig verbunden. Dort will der gläubige Buddhist begraben sein, und die Muslimen sehen das genauso. Und so wird es auch irgendwann, wenn einer der beiden sterben sollte, nicht nur die Trennung durch den Tod, sondern auch eine räumliche durch die Grabstätten geben. Semra, wie sie eingangs sagte, will in Avuncular oder dem nahen Erikli Köyü in der Türkei begraben werden, Tiyao in China. In seinem Dorf südlich von Shanghai. Für die beiden kein Tabu, schon heute darüber zu reden. Sie leben zwar jetzt, in ihrem irdischen Leben, ganz unterschiedliche Religionen, in beiden spielt aber der Ort, an dem die menschlichen Überreste der Erde übergeben werden, eine zentrale Rolle. Jetzt verstehe ich auch den Beginn unseres Gespräches besser. Kann die Gedankengänge nachvollziehen. Auch wenn mir eine charismatische, dunkelhaarige Frau um die fünfzig gegenübersitzt, die vor Lebenslust sprüht und Tatkraft strotzt, trotz Stress, den sie täglich hat.

Übrigens: In der Einleitung habe ich davon erzählt, dass es einige Gemeinsamkeiten zwischen der Lebensbiografie meiner Gesprächspartner und meiner eigenen gibt. Bei Semra sind es der Schulweg zu Fuß in die Schule in den nächsten Ort und ein einfaches und bescheidenes Leben in der Jugendzeit. Die Liebe zur Natur. Und dann „die" Telefonzelle am Wegesrand, die wir beide kennen und die uns in unserer Kindheit manchmal vor Herausforderungen stellte: Nicht nur, dass wir einen längeren Fußmarsch auf uns nehmen mussten, um telefonieren zu können. Auch die Münzen in der einen und der Spickzettel mit den Worten, die wir am Telefon sagen wollten, in der anderen verschwitzten Kinderhand sind gemeinsame Erinnerungen. Die Angst, dass uns trotz des zerknüllten Papiers in der Hand nichts einfällt zu sagen und auch die, unterbrochen zu werden oder auch zu wenig Münzen eingepackt zu haben. Erinnerungen an eine Kindheit in einem kleinen Dorf in der Türkei und einem Innviertler Glasmacherdorf, die sich ähneln. Ja, und dann haben wir auch mit dem Steinhaus etwas gemeinsam. Mein Elternhaus ist ebenfalls aus Stein erbaut. Gute 200 Jahre alt. Heute schwer zu isolieren und immer feucht. Die Eltern leben noch dort. Haben viele Jahre harte Arbeit investiert, das Haus zu dem zu machen, was es heute ist. Ein Nest, in das auch die erwachsenen Kinder und Enkelkinder immer wieder gerne zurückkehren. Semras Steinhaus ist momentan dem Verfall preisgegeben. Wer weiß: Vielleicht kommen ja irgendwann Investoren und wecken die Häuser in Avuncular aus dem Dornröschenschlaf. So wie in Mesanagros, dem Dorf der Alten in den Bergen von Rhodos.

Aus: Konrad, Edith, DorfGeschichten, Reportagen aus aller Welt, erscheint im Frühjahr 2022

Gedichte

Die verlorene Zeit

Während die Welt gerade auf Pause steht,
spürt man doch, wie sie sich doppelt so schnell weiterdreht.
Nichts passiert und doch passiert so viel in einem,
wie sehr mich das beeinflusst, könnte man kaum meinen.
Denn ich lächle, bin stets bemüht aufrecht zu gehen,
und jeder kann mein breites Lächeln sehen.
Doch es ist stumm. Es ist nicht mehr echt,
doch ich hoffe immer, damit mache ich es jedem recht.
Jeder blickt lieber in ein lächelndes Gesicht,
wer will schon Tränen sehen? Ihr sicher nicht.
Das Schlimme an der Situation ist, dass es mir gut geht,
nein, wirklich, da ist keine Existenzangst, die mir im Nacken steht.
Da ist kein Kind, das ich selbst unterrichten muss,
doch was mir fehlt, ist der Muse Kuss.
Mir fehlt meine Fantasie, meine Kreativität,
ich höre, wie meine Seele nach etwas Leben fleht.
Eine Feier, mit all meinen Lieben,
doch auch daran sind nur verblasste Erinnerungen geblieben.
Eine Person oder einen weiteren Haushalt darf man sehen,
und selbst da ist es manchmal,
als würde etwas zwischen einem stehen.
Viele Dinge, die einst selbstverständlich waren,
sind heute kompliziert, verwirrend und verfahren.
Es ist, wie auf einem Laufband zu rennen,
bis man nicht mehr kann,
und egal, wie sehr man sich bemüht, man kommt nie an.

Es ist, wie ewig auf der Ersatzbank zu sitzen
und auf seinen Moment zu hoffen,
doch das Ende dieses Wartens bleibt weiterhin offen.
Viele Dinge sind ungeklärt und man weiß nicht,
wohin man gehen soll,
ich will aus diesem goldenen Käfig raus,
ich hab die Nase langsam voll.
Ich will anderen Menschen,
auch Wildfremden in den Armen liegen,
mich in Sicherheit und Geborgenheit wiegen.
Ich will nicht Angst haben müssen,
krank zu werden oder jemanden anzustecken,
mit Viren, die sich irgendwo in der Luft verstecken.
Ich will rausgehen und das echte Leben wieder spüren,
die Welt zurück, in der sich Menschen noch gerne berühren.
Eine Welt, in der man sich die Hände reicht,
und nicht auf 1,5 Meter Abstand ausweicht.
Ich will wieder feiern können, alles, was es nur zu feiern gibt,
und nicht eine Regel nach der anderen,
die diesen Wunsch aufschiebt.
Es ist nicht so, dass ich alle Regeln brechen will,
nein, am Anfang fand ich es sogar angenehm,
runterzufahren, ganz still.
Doch nun ist die Stille nicht länger angenehm,
sondern erdrückt mich,
und ich weiß, ich bin nicht die Einzige,
es geht euch ähnlich, sicherlich.
Doch wie damit umgehen?
Was dagegen tun, wenn man doch nichts tun darf?
Nur arbeiten, putzen und Papierkram erledigen,
bis ich am Abend wieder einschlaf?
Wo ist da die Freude, das Glück, das herzhafte Lachen?
Spieleabende, Karaoke und so viele andere Sachen.

Manchmal kommt es mir vor,
als wären es Erinnerungen aus einem anderen Leben,
und ich frage mich, was hat dieses Leben mir denn noch zu geben?
Viele Antworten finde ich auf diese Frage gerade nicht,
darum schreibe ich hier dieses Gedicht.
Vielleicht könnt ihr andere Antworten finden?
Etwas, was zerbrochen schien, wieder neu verbinden?
Vielleicht findet jeder diese eine Antwort in sich,
denn, wenn wir nicht danach suchen, ändert es sich nicht.
Es hilft nur, weiterzumachen
und irgendeinen Sonnenstrahl zu finden,
zu dem wir aufschauen können,
um all das Chaos um uns herum zu überwinden ...

Was zu sagen

Schreib doch etwas Fröhliches, höre ich die Leute sagen,
na ja, ich habe das Gefühl,
sie können einfach die Wahrheit nicht vertragen.
Wer hört schon gerne, dass die Ehe nicht mehr funktioniert,
dass man sich schon zum dritten Mal
innerhalb weniger Monate an einem neuen Job probiert.
Wer hört schon gerne,
dass die meisten Menschen den Sinn des Lebens nicht begreifen,
dass all die gut gesäten Früchte beim besten Willen nicht reifen?
Wer will sich schon Gedanken machen,
ob es echt ist, dieses Lachen.
Wer will heutzutage noch hinter die Fassaden sehen,
will wissen, was für Gedanken wirklich in einem vorgehen?
Keiner, und davon bin ich fest überzeugt,
weil sich jeder heute nur noch über perfekt inszenierte Teller beugt.
Seinen perfekten Tag bei Instagram teilt,
oder Selfies schießt, wie man vor dem perfekten Kaffee verweilt.
#heute schon Sport gemacht,
über #heute gefeiert die ganze Nacht.
Warum schreibt nicht jemand mal
einen #heute mies gelaunt die Welt ist grau,
#ich liebe, doch betrüge gleichzeitig meine Frau.
Das wären doch mal Aussagen aus dem wahren Leben,
doch stattdessen scheint es,
als würden wir uns nur noch mit perfekten Schauspielern umgeben.
Warum teilt niemand die Zweifel, die er hat,
ich habe dieses ganze perfekte Getue einfach langsam satt.
Niemand kocht und dabei sieht die Küche aus
wie aus einem Katalog,
manche führen ja auf ihren Seiten einen regelrechten Monolog.

Auch sieht keiner nach 13 Kilometer joggen
oder seinem Work-out perfekt gestylt aus,
außer man macht natürlich eine Instagram-Story daraus.
Leute, mal im Ernst, ich sitze hier mit Jogginghose,
die Haare wild und lose.
Kein Make-up in meinem Gesicht,
nein, es ist meine Seele, die bei diesen Zeilen aus mir spricht.
Nicht der Neid auf all die schönen Bilder,
wie manche nun vielleicht meinen,
nein, eigentlich finde ich diese Fassaden nur zum Weinen.
Klar gehe ich auch nicht ungeschminkt aus dem Haus,
ich hole nach Möglichkeit auch immer das Beste aus mir raus.
Aber ich weiß, wie jeder andere im Prinzip auch,
all die Perfektion ist nur Schall und Rauch.
Leute, lasst uns doch einfach wieder wir selber sein,
und uns von dem kompletten Zwang der Gesellschaft befrei'n.
Weg von all den Filtern und geschönten Szenen des Lebens,
denn Leute, ich versichere euch, wer versucht perfekt zu sein,
der versucht es vergebens.

Wildau. Ein Rückblick, mit persönlichen Anmerkungen

Wildau ist ein wirtschaftshistorisch interessanter Ort, jedenfalls seit Beginn des 20. Jahrhunderts. Damals entstand in Hoherlehme (später Wildau, offiziell seit 1922) einer der bedeutendsten deutschen Lokomotivbaubetriebe, hier die Berliner Maschinenbau-Aktiengesellschaft (BMAG, vorm. Louis Schwartzkopff). Die Betriebsneugründung der BMAG war Teil der damaligen Stadt-Rand-Wanderung der Berliner Industrie. Weil in Berlin der Platz knapp wurde, u.a. für neue Industriebetriebe.

In Kreisen der Berliner Facharbeiter, die mit nach Hoherlehme/Wildau rausziehen sollten, galt der Ort trotz seiner Nähe zu Berlin als „Sibirien". Die BMAG hatte das Problem erkannt und baute für die Angestellten (Arbeiter, Beamte) eine für die damalige Zeit moderne Werksiedlung (Wohnkolonie), um die Berliner nach Wildau zu locken (die heutige Schwartzkopffsiedlung).

Der neue Betrieb und die Siedlung gediehen prächtig. Dann kam der Erste Weltkrieg. Auch viele Schwartzkopff-Arbeiter mussten an die Front (zu Beginn des Krieges gleich 36 Prozent der Belegschaft). Auch mein Opa Max Schenker musste für vier Jahre in den Krieg, zum Glück für ihn als Handwerker (Maler), in die rückwärtigen Dienste. Die Männer, die in den Krieg mussten, wurden damals durch Frauen ersetzt, deren gesellschaftliche Stellung sich dadurch veränderte. Der Wildauer Betrieb stellte jetzt nicht nur Lokomotiven, sondern auch viele Rüstungsgüter her. Das BMAG-Unternehmen war kriegswichtig. Es erlebte, jedenfalls nach dem sog. „Kriegsstoß", eine ausgesprochene Kriegskonjunktur.

Auch nach dem Ersten Weltkrieg ging es bald gut für das Wildauer BMAG-Werk weiter, vor allem durch den Lokomotiv-Export in das hochvalutarische Ausland (Inflationskonjunktur). Real niedrige Arbeiterlöhne waren der Preis dafür.

In der zweiten Hälfte der 20er-Jahre lief es für das Wildauer BMAG-Werk recht normal („Relative Stabilisierung", „Goldene Zwanziger"), ehe der Ausbruch der Weltwirtschaftskrise im Herbst 1929 auch Wildau in große Schwierigkeiten brachte. Massenarbeitslosigkeit und, aus heutiger Sicht betrachtet, nur geringe Unterstützungsleistungen für die Arbeitslosen prägten jetzt den Ort bis 1932/33.

1933/34 kam ein neuer Aufschwung. Aber es ging nicht mehr nur um Lokomotiven. In Wildau wurde seitdem auch für die Aufrüstung und schließlich wieder den Krieg (Zweiter Weltkrieg, vorher schon militärische Expansionen von deutscher Seite) produziert. Die „jüdischstämmigen" Führungskräfte der BMAG (u.a. Herbert von Klemperer, Vorstandsvorsitzender, und Otto Jeidels, Aufsichtsratsvorsitzender) mussten ca. Mitte der 30er-Jahre die BMAG verlassen und konnten teilweise zum Glück emigrieren.

Im Zweiten Weltkrieg wurde Zwangsarbeit (mehrere Tausend Menschen aus vielen Ländern) ein Charakteristikum für Wildau. Der Krieg selbst traf Wildau nur „marginal". Ich kann mich noch erinnern (nicht persönlich, sondern durch die Berichte meiner Mutter, der Tochter meines Opas), dass mein Opa Max Schenker im Sommer 1941, kurz nach Beginn des deutschen Überfalls auf die Sowjetunion (Unternehmen Barbarossa), zu einem Freund und Nachbarn in Wildau unter vier Augen sagte: „Jetzt ist der Krieg verloren." Er sollte Recht behalten!

Der damalige Reichskanzler hätte aufgrund seiner militärischen Erfahrung dieselbe Konstellation voraussehen können. Aber er war (und ebenso seine Entourage) ideologisch verblendet. Millionen Menschen mussten das mit ihrem Leben bezahlen.

Am 25. April 1945 war die Befreiung Wildaus von der NS-Herrschaft und am 08.05.1945 die endgültige deutsche Kapitulation.

Die ersten Nachkriegsjahre waren schwer für Wildau. U.a. ging es um die Zukunft der Werksanlagen in Wildau. Das Schwartzkopffwerk, die berühmte Lokomotivfabrik, wurde von der neuen Besatzungsmacht demontiert und nach Russland verbracht.

Relativ lange wurde darum gerungen, was aus den Resten des Wildauer Betriebes werden sollte, ehe schließlich Ende der 40er-Jahre die Entscheidung fiel, dort einen neuen Schwermaschinenbau-Betrieb zu errichten. Wildau wurde nach dem sehr großen Unternehmen in Magdeburg (SKET-Stammbetrieb) der wohl zweitgrößte Schwermaschinenbau der DDR. Immerhin 36 Länder standen auf seiner Exportliste.

Wildau wurde ein Schwerpunkt der „Sozialistischen Industrialisierung". Straßen, Wohnungen, eine neue Poliklinik, ein neues Sportstadion, eine neue Schule, eine Sport- und Schwimmhalle 1970 (die erste im damaligen Bezirk Potsdam) waren mit dabei.

Ich kann mich noch immer an eine persönliche Begegnung im Sommer 1960 erinnern. Damals war ich noch ein kleiner Junge. Ich traf meine Halbschwester am Fußgängerüberweg Karl-Marx-Straße am Bahnhof. Sie war damals 18 Jahre alt, ganz in Weiß, mit Petticoat und wallendem Blondhaar. Eine echte Schönheit, erkannte ich schon damals als kleiner Junge. Manches kann man noch heute erkennen. Inzwischen ist sie immerhin schon Urgroßmutter.

Auch Wildau litt zunehmend unter der Existenzkrise der DDR nach 1971, nach dem Abbruch der Reformbemühungen in der DDR Ende 1970/Anfang 1971. Der überbordende Zentralismus hemmte die Entwicklung der DDR, auch in Wildau. Zunächst schleichend, schließlich immer stärker, geriet das Land in Schwierigkeiten, auf eine „abschüssige" Bahn, was immer mehr Bürger nicht mehr hinnehmen wollten. Dabei gab es Unterschiede im realen Leben, z.B. zwischen Leipzig und Wildau, aber auch Ähnlichkeiten. Der Bruch, die „Öffnung der Mauer", war unvermeidlich. Ebenso ein neuer Reformweg.

„Blühende Landschaften" wurden als schnelles Ziel postuliert. So einfach ging es aber nicht, trotz großer Hilfe aus dem Westen Deutschlands. Wildau hatte eine schwere wendebedingte Krise. Vor allem der Niedergang des einst sehr bedeutsamen Schwermaschinenbaus hatte große negative Folgen – Massenarbeitslosigkeit früher relativ gut verdienender Bürger. Aber die objektiven Rahmenbedingungen wie die Politik der Verantwortlichen waren auf einen neuen Aufstieg Wildaus ausgelegt. Objektiv und stark unterstützende Faktoren waren die Berlin-Nähe, der nahe Flughafen Berlin-Schönfeld (heute BER) sowie die gute infrastrukturelle Anbindung von Wildau. Der Suburbanisierungprozess von Berlin in das Umland spielte auch für Wildau ab Anfang der 90er-Jahre des vorigen Jahrhunderts eine maßgebliche Rolle. Dazu kamen große Investitionen in Wildau in die richtige Richtung, private und öffentliche. Von besonderer Bedeutung war die Entwicklung des A 10 Centers (Eröffnung 1996), eines der größten Einkaufszentren Deutschlands, in dem kleinen Wildau erbaut. Heute steht das A 10 Center unter dem Druck des Onlinehandels. In den 90er-Jahren des vorigen Jahrhunderts kamen noch große Schulbauinvestitionen hinzu und die Sanierung der Friedrich-Engels-Straße. Der WiWO gelang in dieser Zeit die Sanierung eines erheblichen Teils ihres Wohnungsbestandes. Ich war auch betroffen. Für die Mieter kein Vergnügen, aber notwendig.

Die Fertigstellung der Sanierung der Grundschule (in mehreren Bau-Abschnitten) konnte ich in meiner Amtszeit als Bürgermeister noch selbst erleben (Turnhalle). An dem hohen Schulbaukredit für die stark heruntergekommene Realschule hatte ich noch in meiner Amtszeit sehr zu knabbern (hohe Tilgungsraten). Und das Geld konnte nur einmal ausgegeben werden! Ein Zukunftsprojekt wurde noch in den 90er-Jahren auf den Weg gebracht: das Gewerbegebiet in Hoherlehme (nördlich vom A 10 Center). Seine Belegung war ein langjähriger Prozess, z.T. fiel sie auch noch in meine Amtszeit.

Ich kann mich noch erinnern, dass wir in meiner Amtszeit mehrere große Straßenbau-Investitionen in Wildau durchgeführt hatten: Die Karl-Marx-Straße, die Freiheitstraße, die Bergstraße (die beiden Letzteren jeweils mit einem Stauraumkanal zur Prävention gegen Starkregenereignisse), die Querverbindung durch das SMB-Gelände (heute Ludwig-Witthöft-Straße und Hochschulring). Wichtig für die interessierten Bürger, aber heftig umstritten, war die real kleine und relativ kostengünstige Straße vom Klubhaus (heute „Villa am See") bis zum Hinterland der Schwartzkopffsiedlung (bis zur Ludwig-Witthöft-Oberschule). Der Landkreis sanierte außerdem seine Kreisstraße vom A 10 Center in Richtung Miersdorf. Die WiWO schaffte (ab 2003) die hochgelobte Sanierung der Schwartzkopffsiedlung (in Zusammenarbeit mit unserer Stadtverwaltung und einer extra dafür angestellten Begleit-Fachfirma (STEG). Vorher musste Dr. Peter Danckert (Anwalt und damals Bundestagsabgeordneter) noch wichtige Vermittlungsleistungen mit der JCC erbringen (nach 1933 galt die BMAG als „jüdisch beeinflusst"). Die Vermittlung gelang, die Sanierung konnte beginnen!

Eine besondere, aber durchaus widersprüchliche Errichtung (Ausbau) war das Wildorado, unsere Sport- und Schwimmhalle. Für den Ausbau erhielten wir relativ viel Geld (Fördermittel) vom Land, immerhin fast 5 Millionen Euro. Aber die damalige Gemeinde musste knapp über 5 Millionen selbst dafür aufbringen. 10 Millionen kostete die große Phase des damaligen Ausbaus insgesamt. Ein Schmuckstück war entstanden. Aber die Investitionen am Wildorado waren damit noch nicht beendet. Und das Wildorado kann nicht kostendeckend arbeiten. Die Schwimmhalle und speziell der Personalaufwand sind zu hoch, jedenfalls bezogen auf das gesamte Jahr, mit dem leider üblichen „Sommer-Loch", wenn die Wildauer und ihre Gäste in den umliegenden Seen baden gehen. Das Wildorado prägt Wildau heute (im positiven Sinne), aber es belastet die Stadt auch (im finanziellen Sinne).

Im Jahre 2008, kurz vor Beginn der Finanz- und Wirtschaftskrise, fassten wir noch eine schwierige, aber wichtige Entscheidung für Wildau, die für den Neubau eines Feuerwehrgebäudes (2 Millionen Euro). Bald danach, nach wiederum heftigen Auseinandersetzungen mit Teilen der Politik, folgte noch die Anschaffung eines neuen Hub-Rettungsfahrzeuges für die Feuerwehr, teuer, aber – im wahrsten Sinne des Wortes – lebenswichtig.

Schon seit Anfang der 90er-Jahre des vorigen Jahrhunderts bemühte sich die Gemeinde/Stadt Wildau um eine Sanierung des sog. Dahme-Nordufers, des Geländes vom Stammsitz der WiWO (früher Rathaus) bis zur Zeuthener Ortsgrenze (Seniorenstift). Noch in der zweiten Hälfte der 90er-Jahre gab es dazu eine ernsthafte Untersuchung des Landkreises Dahme-Spreewald, die die großflächige und tiefgehende Kontamination des Geländes aufgrund jahrzehntelanger Verunreinigung mit Schadstoffen offenlegte.

Ab und an kamen, zunächst zu meinem Amtsvorgänger, später zu mir, Interessenten für eine investive Entwicklung des

Dahme-Nordufers. Aber sobald die Interessenten das Ausmaß der Kontamination und die voraussichtlichen Kosten der Dekontamination erfahren hatten, verabschiedeten sie sich relativ schnell wieder. Einen wichtigen Fortschritt erreichten wir vor Jahren: Die WiWO konnte das alte Kraftverkehrsgelände vom Landkreis, gelegen in der Mitte des Dahme-Nordufers, käuflich erwerben, um die Zusammenarbeit mit einem möglichen künftigen Investor aus „einer Hand" zu gestalten.

Die Stadt Wildau war sehr froh, dass durch Vermittlung und aktives Zutun der WiWO ein geeigneter Investor, die Bauwert AG, schließlich gefunden werden konnte. Sowohl die fachlichen Voraussetzungen als auch die finanziellen Bedingungen stimmen bei der Bauwert AG, um die sehr schwierige Aufgabe der Sanierung des Dahme-Nordufers angehen zu können. Es gab auch schon erste Vereinbarungen zwischen der Bauwert AG und der WiWO zur Entwicklung des Geländes. Der Aufsichtsrat der WiWO war immer beteiligt.

Wenn das mögliche und notwendige B-Planverfahren für das Dahme-Nordufer einen ausreichenden Arbeitsstand erreicht hätte, dann wären natürlich auch Wildaus Bürger aktiv eingebunden worden. Eine öffentliche Informations- und Diskussionsveranstaltung hätte es auf jeden Fall gegeben. Die Hinweise der Bürger hätten das Verfahren für alle Beteiligten bereichert.

Aber auch das Dahme-Nordufer leidet gegenwärtig, wie so vieles in Wildau, unter dem sog. Moratorium der Stadt. Natürlich muss gerade heutzutage über einen „moderaten" Wachstumskurs, über eine sinnvolle Verbindung von Zukunft und Tradition, nachgedacht werden. Wenn ich jedoch über das aktuelle Wildauer Moratorium und seine Folgen nachdenke, kommt mir immer wieder ein altes chinesisches Sprichwort in den Sinn. Im Kern:

„Wenn du mit einem Boot gegen den Strom schwimmst und aufhörst zu rudern, dann treibst du zurück." Gerade das passiert momentan in Wildau. Aus einer Spitzenposition in Deutschland schrittweise wieder zurück auf die hinteren Ränge.

Die Bevölkerung, die Gesamtheit der Wahlberechtigten, ist der Souverän. Nicht die Verwaltung, nicht die Politik! Aber das Thema – „moderates Wachstum" – ist schwierig. Und die Bürger wollten möglicherweise für die nächsten Jahre, zumindest solange die Wahlperioden dauern, ihre Ruhe haben. Die Hoherlehmer Zeit von Wildau ist vorbei. Das dörfliche Idyll von damals ist Geschichte. Wir leben im 21. Jahrhundert. Die Rahmenbedingungen von heute, die gesetzlichen Rahmenbedingungen, gelten auch für Wildau. In dem Kontext, mit der Technischen Hochschule, mit den Zentren für Luft- und Raumfahrt I, II und III, dem Fraunhofer Institut und dem RKI (jeweils Bedarf an hochkarätigen Arbeitskräften), muss sich die Stadt Wildau und auch der kommunale Souverän bewegen.

Die Wildauer Geschichte zeigt immerhin: Krisen sind nicht das Ende! Je stärker sie ausfielen, desto stärkere neue Auftriebskräfte setzten sie frei. Dieser „salomonische Schluss" gibt Hoffnung, aber es gibt keine Gewissheit. Die Geschichte ist offen! Schauen wir mal.

Dr. sc. Uwe Malich

Die DDR

**Die DDR hatte von Anfang an (1949) eine relativ ungünstige Position.
Und dann noch – wahrscheinlich –
ein schlechteres sozialökonomisches System.
Ein kurzer wirtschaftshistorischer Abriss
der jüngeren ostdeutschen Vergangenheit**

Der sozialökonomische Wiederaufstieg Ostdeutschlands nach dem Zweiten Weltkrieg war vielfach determiniert. Es gab Aufbauwillen in der ostdeutschen Bevölkerung (wie in Westdeutschland auch). Beide deutsche Teilgebiete, später -staaten, hatten aber unterschiedliche Besatzungs- bzw. später Führungsmächte. Für beide deutsche Teilgebiete erwies sich von Vorteil, dass die Anti-Hitler-Koalition in der Nachkriegszeit zerbrach und der sog. Kalte Krieg ausbrach, mehrmals sogar bis nahe an einen heißen Krieg.

Der hätte Deutschland (Ost und West) wahrscheinlich schwer getroffen. Aber der Kalte Krieg hatte für beide deutsche Teilgebiete letztlich positive Effekte. Die jeweiligen Führungsmächte (bis 1949 Besatzungsmächte) benötigten ihre deutschen Teilgebiete Ost wie West jeweils als Bollwerk gegen die andere Seite im Kalten Krieg. Das änderte jeweils ihre Haltung zu Deutschland, jedenfalls zu „ihren" Teilgebieten, allerdings mit wichtigen zeitlichen Unterschieden.

Die alliierten Führungsmächte hatten dabei unterschiedliche objektive Interessen und auch Optionen. Zunächst schwenkten die USA auf eine für ihren Teil Deutschlands günstige Haltung um. Der Marshall-Plan war dafür sichtbarster Ausdruck und realwirtschaftlicher Faktor. Hilfe für den deutschen Wiederaufbau war jetzt angesagt. Westdeutschland sollte zum politisch beeindruckenden Schaufenster des Westens insgesamt in Richtung Osten werden. US-Amerika hatte dafür gute wirtschaftliche Voraussetzungen. Die USA hatten keine Kriegszerstörungen. Aber sie hatten für ihre wieder auf Friedensproduktion (in relativ großem Maße) umgestellte Wirtschaft ein ernsthaftes Markt- bzw. Absatzproblem. Warum in dieser Situation nicht nach Deutschland liefern?

Die Sowjetunion hatte andere Interessen und auch Optionen mit (ihrem) Deutschland. Das Land war von gewaltigen Kriegszerstörungen gezeichnet (zweimal Opfer des im Osten besonders brutalen Kriegsablaufes). Da war (ost-)deutsche Unterstützung für den Wiederaufbau (Reparationen!) sehr willkommen. U.a. in diesem Zusammenhang (aber auch rein politisch betrachtet) gab es auf sowjetischer Seite noch eine gesamtdeutsche Option. Die mögliche Neutralisierung ganz Deutschlands, seine „Finnlandisierung". Dieser politisch-ökonomische Ansatz schlug fehl. Die Sowjetunion musste sich auf Ostdeutschland/ die DDR konzentrieren/beschränken.

Die sowjetische Umorientierung auf die neue Rolle (Bollwerk, Aushängeschild) ihres ostdeutschen Teilgebietes dauerte deutlich länger als die US-amerikanische für deren Teilgebiet (die Lage der beiden anderen westalliierten Besatzungszonen bzw. Teilgebiete war ähnlich (mit einigen spezifischen Abweichungen) dem US-amerikanischem Gebiet.

Hilfe hier (im Westen), weiterhin Reparationen dort (im Osten bis Ende 1953).

Mittlerweile hatten sich beide deutsche Gebiete (West und Ost) unterschiedlich entwickelt. Der Westen Deutschlands konnte seiner „Schaufenster-Funktion" schon sehr viel besser gerecht werden. Es begann, gerade auch aus ökonomischen Gründen, eine zunehmende Bevölkerungs-Abwanderungsbewegung von Ost- nach Westdeutschland („Abstimmung mit den Füßen"), die die ökonomische Kluft zwischen West und Ost weiter verstärkte.

Allerdings sahen vor allem äußere Beobachter den Wiederaufbau in Deutschland West und Ost nach dem Zweiten Weltkrieg jeweils als „Wunder". Das West-Wunder war allerdings noch größer!

Es gab dennoch immer wieder einige bemerkenswerte Gegentendenzen. Meine Mutter bspw. lebte 1946 für mehrere Monate in Südwestdeutschland relativ gut. Aber noch im selben Jahr kam sie nach Wildau, in den armen Osten, zurück. Ihre Mutter, meine spätere Großmutter, schlug die Hände über dem Kopf zusammen. Wildau hatte damals noch keine Position in der Führungsgruppe der Kommunen von Gesamtdeutschland. Aber meine Mutter hatte einfach Heimweh, nach Wildau, nach Ostdeutschland.

Ostdeutschland selbst hatte noch bis 1970 versucht, den wachsenden Rückstand zum Westen wieder aufzuholen. „Überholen, ohne einzuholen", war damals eine oft genannte und bespöttelte, bei tieferem Nachdenken aber durchaus kluge Parole. Im Zeichen der Kybernetik sollten die Selbstständigkeit und die Eigenverantwortung der Betriebe und damit ihre Innovationsfreudigkeit und -kraft erhöht werden. Um eine mögliche Entwicklung in Richtung, wie man heutzutage sagen würde, „chinesisches Modell", ging es in der DDR bis 1970.

Aber 1971 war damit Schluss! Es kam zu einer Wiederannäherung Ostdeutschlands an die Sowjetunion. Erich Honecker und Leonid Breschnew fielen sich in die Arme. Und die Abhängigkeit der DDR von der Sowjetunion wurde wieder verstärkt, letztlich zulasten der DDR.

Zugespitzt könnte man sagen, schon 1971 wurde 1989, der Zusammenbruch der DDR, beschlossen. („Was der VIII. Parteitag beschloss, wird sein.") 1971 begann ein langer Weg bergab. Und die Schaufenster-Funktion der DDR in Richtung Westen wurde (und konnte) auch von der östlichen Führungsmacht nicht mehr, wie notwendig, wirksam unterstützt (werden).

Schwer zu beantworten bleibt vor diesem Hintergrund die letztlich unumgängliche „Systemfrage". Nach meiner bisherigen Einschätzung war die westdeutsche „soziale Marktwirtschaft" ein flexibleres und innovativeres System, das dem hoch- bzw. überzentralisierten ostdeutschen System (Wirtschaft und Politik) überlegen war. Das ostdeutsche System hatte auch manche Vorzüge. Insgesamt, unter dem Strich, war Westdeutschland nicht nur durch die US-amerikanische Starthilfe überlegen, sondern hatte auch ein stärkeres, effektiveres System.

Trotzdem stellt sich heute wieder die Frage, wie weiter? Die reale Geschichte wird weiterhin Überraschungen für uns bereithalten. Schauen wir mal.

Dr. sc. Uwe Malich

Andere Länder – andere Sitten

Bea und ich freuten uns sehr auf unseren bevorstehenden Urlaub. Wir hatten vor einem halben Jahr geplant, nach Bordeaux an die Atlantikküste zu reisen. Als ich mich am Montag anschickte, den Koffer zu packen, kam mir in den Sinn, besser im Internet auf Zoover nachzuschauen, was für Wetter uns dort erwarten würde. Die Enttäuschung war groß. Regen und niedrige Temperaturen und das im Wonnemonat Mai. Als ich Bea am Abend berichtete, dass ich den Koffer noch nicht gepackt hätte, weil ich wirklich unschlüssig war, da entgegnete sie mir spontan: „Wir buchen um! Ich habe so wenig Urlaub im Jahr, der Winter war so lang und düster, ich will an die Sonne!" Viele Möglichkeiten blieben uns nicht. Ganz Europa würde die kommende Woche mit schlechtem Wetter „beglückt" werden, sodass uns nur noch Nordafrika in den Sinn kam. Besser gesagt Djerba, die sonnige Insel in Tunesien. Wir hatten dort schon viele glückliche Stunden verbracht: Sonne, Strand und Meer! Und dann die offenen Menschen, die immer gern für einen Schwatz zu haben waren. Man tauchte jeweils in eine ganz andere Energie ein. Wir schauten auf diversen Internetplattformen nach günstigen Angeboten und wurden erstaunlich schnell fündig, als würde das Schicksal unseren Entscheid begünstigen. Unser Hotel in Bordeaux konnten wir ohne Stornogebühren absagen und wir waren frei für unsere Neubuchung. Wir hatten solch ein Glück und griffen bei einem Last-Minute Angebot zu, welches uns ermöglichte, in einem der besseren Hotels auf Djerba inklusive Halbpension unterzukommen.

Am Samstagmorgen, dem Tag des Abflugs, hatten wir noch ausreichend Zeit, den ersten Urlaubstag in einem netten Café zu beginnen und uns etwas zu verwöhnen. Als wir eintraten, stand schon eine Schlange von Menschen an der Selbstbedienungstheke. So stellten wir uns also an und unterhielten uns über den bevorstehenden Urlaub.

Wir hatten beschlossen, nicht mehr in unser langjähriges Hotel zurückzukehren, da es mit Erinnerungen behaftet war. Wir wollten ganz neu beginnen und waren bereits sehr gespannt auf das neue Hotel, welches ebenfalls am langen Sandstrand lag. Mit den Worten „Was wünschen Sie?", wurden wir aus unserer Welt herausgerissen und gaben unsere Bestellung auf. Gleich darauf begann ein schreckliches Gezeter. Zwei Männer beschimpften uns aufs Übelste, was uns einfiele, uns vorzudrängeln. Ich verstand gar nicht, was da gerade ablief. Wir hatten uns gar nicht vorgedrängelt, wir wurden von der Bedienung aufgefordert zu bestellen. Aber die Männer hörten uns nicht zu. Sie waren in der Laune, ihre Feindseligkeit an uns auszulassen. Die Verkäuferin blieb stumm. Sie griff nicht ein. Bea machte Zeichen, dass sie die Männer bedienen sollte. Sie äußerte sich auch dazu. Niemand reagierte darauf. Das Geschimpfe ging weiter. So friedfertig wir waren, so kampfeslustig gaben sich die Männer. Da musste etwas ganz anderes ablaufen. Denn was wir erlebten, war nicht mehr normal. Ich sah in die Gesichter der beiden Männer. Sie waren voller Wut und rot angelaufen. Ich befürchtete noch, zusammengeschlagen zu werden. Sie schienen gar nicht zusammenzugehören, wie ich anfangs gedacht hatte. Es waren auch keine Asozialen, sondern sie wirkten wie gutbürgerliche Familienväter, die für die Familie Brötchen holen gegangen waren. Schließlich verließ einer der beiden aus lauter Wut den Laden. Ich dachte, das hätte doch jetzt auch ganz normal ablaufen können. Ich an ihrer Stelle hätte der Verkäuferin einfach nur zugerufen, dass ich jetzt an der Reihe sei. Das wäre ausreichend gewesen. Aber das Abladen dieser schlechten Energien war für uns völlig unverständlich. Was erlaubten sie sich eigentlich, dass sie das mit uns machten? Hätten sie das mit anderen auch gemacht? Frauen? Männer? Als der zweite Mann schlussendlich von einer anderen Verkäuferin bedient worden war, lief er an uns vorbei aus dem Laden. Ich spürte seine negative, intensive Energie und ich spürte auch, dass er mich beim Vorbeigehen am liebsten niedergeschlagen hätte. Nicht nur mich, auch meine Schwester ... Wir waren von diesem seltsamen Geschehen kurz vor den Ferien völlig niedergeschmettert. Da uns das so naheging und wir nicht wussten, wie wir damit umgehen sollten, kontaktierten wir ein Medium, um sie nach der Ursache zu befragen. Sie erklärte uns, dass sich ein Thema aus der Kindheit nochmals gezeigt habe. Sie fragte uns, wer bei uns in der Familie aufbrausend gewesen sei. Sie traf es auf den Punkt. Es entsprach genau unserem Vater, der immer unberechenbar cholerisch und aufbrausend gewesen war. Trotzdem verstanden wir nicht, wieso wir in unserem Alter immer wieder von Kindheitsthemen eingeholt wurden. Sie sprach etwas von „Transformation", einem Begriff, mit dem man in der Esoterikszene immer wieder konfrontiert wurde. Wir ließen es dabei. Wir fühlten uns überfordert, unsere Kindheitsthemen zu „transformieren".

Ein paar Stunden später befanden wir uns im Taxi Richtung Flughafen Kloten. Der junge Fahrer war aus dem Kosovo und half seinem Vater aus. Er war sehr freundlich und offen und fragte uns, wohin es ginge. Als wir sagten, dass es nach Djerba ginge, meinte er: „Sherpa, das ist doch im Himalaya?" Wir schauten uns belustigt an und meinten nur, dass sich unser „Sherpa" anders schriebe und sich in Nordafrika befinde. Wir hatten schon oft festgestellt, dass junge Männer eine ganz andere Energie hatten als Männer in unserem Alter. Sie waren oft liebenswürdig und zuvorkommend, während die „Alten" noch im tiefsten Patriarchat steckten.

Wir genossen es daraufhin, uns auf dem Flughafen noch etwas die Zeit zu vertreiben und zu bummeln. Die Atmosphäre dort hatte uns schon immer gefallen. Man spürte das Internationale, sah Menschen aus ganz anderen Kontinenten. Manchmal sogar Trachten, die man noch nie gesehen hatte und man fragte sich, woher sie wohl kamen und was wohl der Grund und das Ziel ihrer Reise war. Tunisair hatte zu unserem Glück eine Stunde Verspätung, so konnten wir unsere Beobachtungen ausgiebig genießen. Man fand in den Auslagen ganz andere Ware als in der Stadt. Gerne besuchten wir das „Heimatwerk" mit traditionellen und regionalen Produkten. Vor allem liebte ich die teuren Seidenfoulards von Fabric Frontline und Seidenmann, deren kreative Muster und Kombinationen mein Herz höherschlagen ließen. Auch in den typischen Touristikläden konnte man immer wieder originelle Sachen finden, die es in der Stadt Zürich nicht zu finden gab. Gerne kaufte ich mir dort immer wieder Kugelschreiber von Caran d'Ache, die jeweils von bester Qualität waren. Auch den Swatch Shop ließen wir nicht aus, da man dort immer die neuste Auswahl vorfand. Wir beschlossen einmal mehr, uns eine neue Swatch zu leisten. Wir hatten schon oft beobachtet, dass jedes Mal eine neue Zeit begann, wenn wir das mit einem Uhrenkauf besiegelten. Wir hatten kein Problem, etwas Passendes zu finden und freuten uns sehr darüber. Als Zugabe gab es noch eine verpackte Überraschungs-Swatch zu einem minimalen Preis. Der Urlaub konnte beginnen!

Dann war es so weit. Unser Gate wurde aufgerufen und die Schlange von Urlaubern zwängte sich durch die Abfertigung. Viele trugen bereits Shorts und Sandalen, ärmellose T-Shirts und bunte Outfits, als befänden sie sich bereits am Urlaubsort, obwohl es hier in Zürich recht kühl war. Ich ließ mich zum Flugzeug treiben und wurde plötzlich von einer ganz anderen, positiven Energie ergriffen. Die Angestellten der Airline standen nebeneinander vor ihrem Flugzeug und musterten neugierig die ankommenden Passagiere. Wogegen ich die Angestellten begutachtete und überlegte, wer nun wohl welchen Job ausübte. Dies war in der Kürze nicht immer gleich zu erkennen. Beim

Einsteigen bemerkte ich noch, wie mir ein Uniformierter beim Vorbeilaufen etwas zurief. Ich war nicht sicher, war es ein Stewart oder gar der Kapitän? Ich antwortete spontan auf Französisch, dass Bea und ich Zwillinge seien. Dann erst realisierte ich im Nachklang, dass er gefragt hatte, ob wir alle zusammengehören würden, und meinte zusätzlich die zwei blonden jungen Frauen zuvor. Das ging alles so schnell, da befand ich mich bereits an meinem Sitzplatz. Ich liebte das Fliegen und freute mich schon riesig auf den Start. Starten gab mir immer ein total schönes Gefühl. Es war einmalig, die Kräfte zu spüren, die mich in den Sitz drückten. Zudem schaute ich gerne von oben auf die Landschaft und versuchte zu erkennen, wo was war. Man sah die vielen Wanderwege um Zürich und oft fragte ich mich, wie man wohl mit dem Auto da hinkäme und versuchte, mich zu orientieren. Ich suchte markante Gebäude und Orte. Meist orientierte ich mich an den Flüssen und Seen. Diesmal befanden wir uns jedoch sehr schnell über den Wolken, sodass ich nach meinem neuen Buch von Peter Allmend griff und zu lesen begann. Ich hatte Seite 2 noch nicht beendet, da unterbrach mich der Stewart. Er teilte uns mit, dass der Flugkapitän uns in seine Kabine bat. Wir waren perplex. Als wir in die enge Kabine eintraten, setzte ich mich hinter den Kapitän, der ungefähr in meinem Alter war. Bea nahm auf einem Klappsitz hinter dem Eingang beim jungen Kapitän Platz. Wir begrüßten uns gegenseitig sehr freundlich. Beide waren sehr aufmerksam und freuten sich über unsere Anwesenheit. Bea und ich bestaunten die vielen Knöpfe im Cockpit und sie erklärten uns, dass alles voll automatisiert sei, sie aber vor allem bei der Landung und beim Start voll konzentriert bei der Arbeit seien. Wir waren davon ausgegangen, dass wir ihnen nur einen kurzen Besuch abstatten würden, aber dem war nicht so. Wir nahmen in diesem engen Cockpit unser Essen ein und unterhielten uns auf eine sehr angenehme Arte mit den beiden Flugkapitänen. Langsam dunkelte es und man sah die Sterne am

Himmel funkeln und den Mond, der auf das Meer strahlte. Es war sehr romantisch und eine außerordentliche Erfahrung in unserem Leben. Wer hätte das je gedacht! Ich sagte Bea, dass diese beiden tunesischen Männer das wiedergutmachen würden, was die beiden Schweizer Männer an uns am Morgen des gleichen Tages verbrochen hatten. Wir staunten über diese beiden sehr signifikanten unterschiedlichen Erfahrungen an einem Tag. Nach zwei Flugstunden wurde es Zeit zur Landung. Beide Kapitäne waren voll konzentriert und man sah die beleuchtete Landebahn schon von Weitem. Erstaunlicherweise war die Landebahn so beleuchtet, dass die Lichter am Anfang der Landebahn zu einem Kreuz angeordnet waren. Auf mich wirkte das wie ein Gruß von „oben", von „Gott", der mir sagen wollte: Schau, es ist alles wieder gut. Ich bin bei Dir. Ich habe Dir auf die bedrückende Erfahrung vom Morgen ein wundervolles Geschenk zur Wiedergutmachung bereitet.

Der Rabenvater

„Du bist ein Findelkind", sagte mein Vater zu mir mit ernstem Gesicht und beobachtete meine Reaktionen. Ich war noch klein, aber nicht so klein, dass ich nicht wusste, was das Wort bedeutete. Ich kannte die Geschichte von Moses aus der Kinderbibel, aus der meine Mutter uns Töchtern abends vorzulesen pflegte. Ich liebte die Bibel mit diesen vielen spannenden Geschichten und schönen Bildern. Moses war in einem Korb von einer wunderschönen Prinzessin in Ägypten am Nil im Schilf gefunden und von ihr aufgezogen worden. Was hatte das zu bedeuten, was mein Vater mir nun offenbarte? Er fixierte mein Gesicht und ich fing an zu weinen. Gehörte ich denn nicht hierher? War er nicht mein Vater? Er lachte schallend, dass ich auf diesen Spaß hereingefallen war, und wünschte mir eine gute Nacht. Ihm schienen die Ideen nicht auszugehen, wie er sich mit uns Töchtern amüsieren konnte. Er liebte es, mit uns abwechselnd „Bimbam" zu machen. Dabei fasste er mich an den Füßen, zog mich in die Luft und schwenkte mich hin und her wie eine Kirchturmglocke und erfreute sich daran. Ich litt große Ängste. Mir fehlte das Vertrauen in ihn und ich befürchtete, dass er mich gegen die Wand knallen könnte. Oder gegen ein Möbelstück.

„Hahnen zu" war ein anderes Lieblingsspiel von ihm. Er hielt mich mit der einen Hand fest und bedeckte mit seiner anderen, großen Hand meinen Mund und meine Nasenlöcher. Dann schaute er, wie lange ich es so aushielt. Wenn er losließ, rang ich um Atem. Ich hatte furchtbare Angst, aber er lachte nur schallend.

Am Mittagstisch hörte der „Spaß" auf. Da hatten wir Töchter still zu sein. Wir seien zu dumm für ernsthafte Gespräche.

Er wandte sich dann unserem älteren Bruder zu, welcher immer als der Intelligente hingestellt wurde. So wurde uns abgewöhnt, spontan zu sein. Verschüchtert saßen wir am Mittagstisch und würgten unser Essen hinunter. Mama war nicht die beste Köchin und quälte uns oft damit, dass der Teller leer gegessen werden musste. Es gab ja so viele Kinder in Afrika, die hungern mussten, da müssten wir dankbar sein, überhaupt etwas zu bekommen. Sprechen war uns verboten. Dafür lernten wir zuzuhören und auf die Nuancen der Stimmen und die Details der Gespräche zu hören. Meistens ging es um Opa. Es hieß ständig, er sei böse und Papa jammerte laufend über ihn. Er war sehr frustriert und stets schlecht gelaunt. Opa war der Boss. Das Familienoberhaupt. Papa musste sich nach ihm richten. Er hatte sich ihm unterworfen, denn Opa hatte das Baugeschäft gegründet und ein Imperium daraus entwickelt. Es war logisch, dass sein Sohn das Geschäft eines Tages übernehmen sollte. Aber bis es so weit war, war es noch ein langer Weg. Das zweite Thema war Geld. Opa schien Papa mit dem Geld zu unterdrücken und demonstrierte so seine Macht. Allzu viele Details weiß ich nicht, aber meine Eltern hofften über Jahrzehnte hinweg, dass diese Schreckensherrschaft endlich vorbei sei und sie ihn beerben würden. Es war ein leidiges Thema und beeinflusste meinen Werdegang sehr. Ich entschied schon sehr früh, dass ich mich niemals in so eine Abhängigkeit begeben würde. An Papas Stelle hätte ich gekündigt und mir ganz woanders einen neuen Job gesucht. Er hatte schließlich eine gute Ausbildung genossen und auch genügend Erfahrung gewonnen. Aber die Aussicht auf das Erbe hielt ihn zurück. So ließ er sich von Opa formen und unterdrücken.

Nach dem Essen mussten wir wieder ruhig sein, denn da hielt mein Vater seinen Mittagsschlaf, bevor er wieder ins Geschäft fuhr. Er befahl absolute Stille, um nicht unliebsam aus seinem Nickerchen geweckt zu werden. Meine Mutter achtete sehr darauf, dass dieses Gebot eingehalten wurde. Denn auch sie wollte keinen unnötigen Ärger. Wir verzogen uns dann in unsere Zimmer und machten unsere Hausaufgaben. Später, als wir einen Hund hatten, gingen wir mit ihm spazieren. Wenn Papa gegangen war, spielte ich mit meiner Schwester Bea im Garten. Mama hatte uns alte Decken und Leintücher überlassen und wir hingen sie an eine Wäscheleine, die wir zwischen den Bäumen befestigt hatten. So entstand ein Zelt, unser Reich. Wir aßen dann Kekse und gingen ganz in unserer Welt auf. Wir waren immer zu zweit. Mein Bruder Udo gesellte sich nie zu uns und auch Mama schaute nur ab und zu vom Balkon runter, um zu sehen, dass alles in Ordnung war.

Papa hatte an der Fachhochschule Bauingenieur studiert und seither war er in einer Studentenverbindung. Diese traf sich regelmäßig freitagabends im Verbindungshaus und es wurde immer sehr viel getrunken. Er kam dann mitten in der Nacht betrunken heim und hatte jeweils das Bedürfnis, uns kleine Mädchen zu wecken und unsere Aufmerksamkeit zu erhalten. Manchmal brachte er Brezeln mit, die er uns reichte. Wir wurden aus dem Tiefschlaf gerissen und mussten sein „Schauspiel" über uns ergehen lassen. Vielmals war es ziemlich theatralisch und wir hatten riesige Angst, dass er gewalttätig werden könnte. Er jammerte dann wieder über unseren Opa, heulte jämmerlich, als unsere Oma gestorben war, die er sehr geliebt hatte und vieles andere. Als wir älter wurden, sperrten wir uns in unsere Zimmer ein. Dies provozierte ihn dermaßen, dass er mit Wucht die Türe gewaltsam aufbrach. Er brüllte und wir waren gelähmt vor Angst und zitterten am ganzen Leib. Ein anderes Mal drohte er uns, dass er unsere kleine Hündin quälen würde, wenn wir nicht sofort aufmachten. Als wir aufmachten, hatte er das verängstigte Hündchen bereits gepackt, auf den Rücken geworfen und alle vier Pfoten zusammengepackt. Sie war ihm vollkommen ausgeliefert und er drehte sie wie einen Kreisel um ihre eigene Achse. Er hatte dabei einen diabolischen Ausdruck in seinem Gesicht und erfreute sich an seinem bösen Spiel. Wir waren so entsetzt, wie er mit unserem geliebten Tier umging. Aber er ließ sich von nichts abbringen und wir waren ihm alle hilflos ausgeliefert. Die Macht, die unser Opa gegenüber unserem Vater ausübte, übte Papa auf seine Weise an uns aus. Unser Bruder war davon nicht betroffen. Er hatte sein Zimmer unter dem Dach und damit seine Ruhe.

Papa fuhr an den Wochenenden immer gerne weg und als wir noch kleiner waren, fuhr er mit der ganzen Familie weite Strecken, um dann am jeweiligen Ort mit dem Schlauchboot einen Fluss herunterzufahren. Einmal fuhr er mit uns den ganzen Weg nach Würzburg, um dann dort festzustellen, dass der Deckel zum Ventil des Schlauchbootes unauffindbar war. Nun begannen wieder Szenen, an die ich mich nicht gerne erinnere. Er brüllte rum und beschuldigte uns, dass wir es „verschlampt" hätten. Dabei hatten wir doch gar keine Ahnung. Aber es war klar, dass wir die Schuld trugen. Wie so oft.

Ein anderes Mal war unser Hausschlüssel nach dem Besuch einer Nachbarin verschwunden. Erneut wurden wir beschuldigt. Wir mussten ihn überall suchen, aber er blieb unauffindbar. Wir bekamen Hausarrest und mussten in unsere Zimmer. Ein paar Tage später stellte sich heraus, dass unsere Nachbarin die Schlüssel versehentlich hatte mitgehen lassen.

Oft waren wir Kinder mit der vielen Fahrerei überfordert. Wenn wir dann spätabends heimkamen, weinten wir vor lauter Müdigkeit. Wir schleppten uns dann mit letzter Kraft ins Haus, mit dem Ziel, in unsere Zimmer zu verschwinden und zu schlafen. Aber er war inzwischen wütend wie eine Furie, nahm seinen Meterstab hervor und schlug uns damit mit aller Gewalt auf unser Hinterteil. „So, jetzt habt ihr auch einen Grund zu weinen", sagte er dann erbost. Wir waren völlig verstört und wussten nicht, was er uns damit sagen wollte.

Wenn er mit uns diese langen Strecken im Auto fuhr, konnten wir unseren Harndrang oft kaum noch aushalten. Er weigerte sich aber, wegen uns anzuhalten und fuhr rücksichtslos weiter. Wir litten Höllenqualen, bis er sich endlich erweichen ließ und anhielt.

Als wir etwas älter wurden und unsere Eltern ohne uns über das Wochenende wegfuhren, schmiss unser Bruder einmal eine riesige Party. Als die letzten Gäste gegangen waren, schlief er lange aus und hinterließ ein riesiges Chaos, welches er nicht aufräumte. Bei Rückkehr der Eltern war deren Wut groß. Aber nicht etwa auf unseren Bruder, sondern auf uns Mädchen. Wir mussten folglich seinen Dreck wegräumen und wurden obendrein ausgeschimpft. Wir begriffen nicht, wieso sie so ungerecht mit uns umgingen. Wir wuschen von Hand das dreckige Geschirr und die Gläser ab und räumten das ganze Chaos auf. Unser Bruder hatte sich verzogen.

Ein anderes Mal spielten wir draußen vor der Tür und bekamen von unserer Mutter ein Stück Brot durch das Küchenfenster gereicht. Nun war ich aber nicht derart hungrig, um es ganz aufzuessen und warf den Rest bei der Nachbarin in den Briefkasten. Ich hatte mir gar nicht viel dabei gedacht. Aber die Reaktion kam schneller als erwartet. Wir mussten uns alle drei vor unserem Vater aufreihen und derjenige, der dies gemacht hatte, musste es augenblicklich zugeben. Ansonsten würden wir alle drei bestraft. Ich hatte derart Angst, dass ich nicht fähig war, einen Mucks zu machen. Er drohte weiter. Da trat meine Schwester Bea hervor und gab an meiner Stelle zu, dass sie es gemacht hätte, nur um eine Kollektivstrafe zu vermeiden. Er prügelte sie dermaßen, dass es mir wehtat, dass ich mich nicht gemeldet hatte. Aber nun war es zu spät. Es tat mir unendlich leid, ich konnte es aber nicht mehr ungeschehen machen.

Wenn Papa abends eine Flasche Wein trinken wollte, schickte er immer meine Schwester Bea in den Keller, sie zu holen. Er wusste längst, dass sie die Gutmütigste von uns allen war und sich nicht auflehnen würde. Ich hatte eine diplomatische Ader entwickelt und wusste oft dumme Ausreden, um etwas nicht machen zu müssen. Udo wurde erst gar nicht gefragt. Meist trank Papa zwei Flaschen Wein an einem Abend, dann war die Welt für ihn auszuhalten. Als wir älter wurden, hatte er die Erwartungshaltung an uns, sich zu ihm zu setzen und mit ihm eins mitzutrinken. Das war für uns aber todlangweilig. So schauten wir, dass wenn wir abends heimkamen, wir an der Wohnzimmertür vorbeischlichen. Das gelang uns aber nicht immer und er sagte stets: „Komm rein, setz dich noch zu mir und trink noch ein Glas mit mir." Und dann ließ er einen nicht mehr gehen. Dann musste man die Zeit absitzen und hoffen, dass er einen endlich gehen lassen würde.

Wir verreisten so gut wie nie als Familie. Mein Vater verreiste gerne alleine mit dem Auto und nahm zur Unterhaltung gerne noch eins von uns Kindern mit. Ich war allerdings ein sehr schüchternes Kind und schon gar nicht unterhaltsam. So saß ich stumm neben ihm auf dem Beifahrerplatz und musste mir seine „Dudelmusik" anhören. Er fuhr weite Strecken mit dem Auto, um sich dies und jenes anzusehen. Immer jemanden von uns im Schlepptau. Einmal, als ich 13 Jahre alt war, fuhr mein Vater mit mir von Esslingen über St. Moritz bis zum Gardasee, ja sogar nach Solferino, um sich einen Kriegsschauplatz anzuschauen. Er war geschichtlich sehr interessiert und auch sonst sehr belesen. Mir sagte das dazumal in meinem jugendlichen Alter gar nichts. Die Fahrt war lang und eintönig und wir hatten uns nichts zu sagen. Da meinte er, ich solle mal was erzählen. Ich hatte aber nichts, was ich meinem Vater zu erzählen gehabt hätte. Er drängte weiter und so erzählte ich Belanglosigkeiten. Mehr war aus mir nicht rauszuholen. Am Gardasee machte er einen Halt, um schwimmen zu gehen. Ich hatte meinen Badeanzug nicht dabei und wollte daher auch nicht schwimmen gehen. Das ließ er nicht gelten, sodass ich schlussendlich in meiner Unterhose ins Wasser musste. Ich schämte mich sehr, denn ich war in der Pubertät und meine Brüste waren zu kleinen Spitzen geworden. Auch bei den Übernachtungen im gemeinsamen Zimmer achtete ich immer darauf, dass ich mich dann schnellstmöglich umzog, als er gerade im Bad beschäftigt war. Mir war das gemeinsame Zimmer sehr unangenehm und ich lag nicht gerne neben ihm im Bett.

Unsere Eltern hatten uns Kinder alle in dasselbe Gymnasium geschickt. Der Grund war, dass schon Papa dieses Gymnasium besucht hatte. Es war ein naturwissenschaftlich ausgerichtetes Gymnasium und bisher ein reines Bubengymnasium gewesen. Nun hatte es auch die Tore für Mädchen aufgemacht. So waren in unserer Klasse gerade mal acht Mädchen, zwei davon waren wir Zwillinge. Zwei Mädchen kamen aus dem Stadtteil Sulz und noch mal zwei Mädchen aus dem Stadtteil Berk. Übrig blieb Gisela, die sich uns Zwillingen anschloss. Wir verstanden uns sehr gut miteinander und wir hatten auch alle drei Probleme mit der Naturwissenschaft. Wir quälten uns durch Mathematik, Physik und Chemie. Trotz großer Anstrengungen lagen unsere Noten in diesem Gebiet auf dem unteren Niveau. Gisela verließ aus diesem Grund das Gymnasium in der 10. Klasse. Papa lachte uns Mädchen oft aus, wie dumm wir doch seien. Als Bea einmal mit einem 6er, der schlechtesten Note, heimkam, brach er in schallendes Gelächter aus. Bea weinte nur noch ab dieser schrecklichen Situation. Er nahm uns kein bisschen ernst. Mathematik wurde immer anspruchsvoller und wir nahmen regelmäßig Nachhilfe bei einer Nachbarin, einer Mathematikerin, in Anspruch. Sie gestand, dass dies eigentlich schon Stoff für die Universität sei. Daheim gingen wir den Stoff nochmals gemeinsam durch und investierten enorm viel Zeit, um im Unterricht einigermaßen mithalten zu können. Dort hatten wir einen Lehrer, der uns drangsalierte, wo er nur konnte. Er ließ uns an die Tafel kommen und Rechenaufgaben lösen. Dies löste eine Blockade, ein „Blackout" aus und es ging gar nichts mehr. Er teilte dieselbe Meinung wie unser Vater. Wir seien so was von dumm, wir gehörten nicht auf das Gymnasium. Das Abitur würden wir niemals schaffen.

Was uns aber damals niemand gesagt hatte, war, dass es auch sprachlich ausgerichtete Gymnasien gab. Wir, die wir so gut in Sprachen waren, mussten unsere Jugendzeit auf dem falschen Gymnasium verbringen und uns durch Materie durchkämpfen, die uns nichts für das Leben brachte. Eine Erlösung für uns brachte die Oberstufenreform. Endlich konnten wir uns auf die Unterrichtsfächer konzentrieren, in denen wir gut waren. Wir wählten Englisch und Französisch als Leistungsfächer aus und absolvierten das Abitur mit ansehnlichen Noten. Ich hatte in Englisch und Französisch eine Eins geschrieben, was meinen Abi-Abschluss auf ein sehr gutes Niveau anhob. Ich kann mich nicht darin erinnern, dass unsere Eltern stolz auf uns gewesen wären. Sie waren mit ihren Eheproblemen beschäftigt und meine Mutter plante schon längst ihren Abgang. All die Prophezeiungen, dass wir zu dumm seien, das Abitur zu schaffen, hatten sich nicht erfüllt. Als ich später in der Bank Karriere machte, soweit es einer Frau in dieser Epoche möglich war, da dachte ich noch oft an unseren damaligen Mathematiklehrer. Ausgerechnet in einer Bank, wo es wieder um Zahlen ging, hatte ich Karriere gemacht. Und nicht etwa in Esslingen, wo ich aufgewachsen war. Nein, in Zürich in der berühmt-berüchtigten Bahnhofstraße.

Und wie war ich mit meinem sprachlichen Talent überhaupt in einer Bank gelandet, einem Ort, wo es um Zahlen ging?

Papas Lieblingswort war Nein. Jede Bitte von mir wurde abgeschlagen. Bea und auch meiner Mutter ging es nicht anders. Mit der Zeit wandte ich mich gar nicht mehr an ihn und wich ihm immer mehr aus. Als es um die Berufswahl ging, war dies wieder ein großes Thema. Ich hatte drei Gebiete, die mich sehr interessiert hätten: Tierärztin, Psychologin oder Goldschmiedin. Aber es ging wiederum nicht darum, was ich wollte oder was meinen Neigungen entsprach. „Du gehst in die Bank, dann hast du eine gut fundierte Ausbildung. Für das Studium bist du eh zu dumm", hieß es wieder. Ich ließ mich beim Arbeitsamt noch beraten und es hieß, ich müsste gegen meinen Vater klagen, um meine Rechte durchzusetzen. Soweit wollte ich nicht gehen. Ich sagte mir, wenn ich schon in die Bank muss, dann bin ich in zwei Jahren hier weg. Dann hat mich Papa zum letzten Mal gesehen. Mit einer Bankausbildung war ich schließlich nicht an einen Ort gebunden. Kaum hatte ich mit der Ausbildung in der Deutschen Bank begonnen, machte meine Mutter ihren Abgang. Sie schlich sich heimlich bei einer Nacht-und-Nebel-Aktion davon. Am nächsten Tag stand mein Vater in meiner Bank am Schalter und verlangte nach mir. Er war voller Wut und wollte von mir wissen, ob ich davon gewusst hätte. Ich wurde ganz klein, natürlich hatte ich davon gewusst. Daraufhin folgte eine schwierige Zeit mit meinem Vater. Alle waren ausgeflogen. Unsere Familie existierte nicht mehr. Mein Bruder Udo studierte in Konstanz Jura und meine Schwester Bea war an der Hotelfachschule in Chur. Auch meine Mutter war nicht mehr in der Region, sondern in der Schweiz, in unserem damaligen Ferienhaus. Glücklicherweise wohnte ich inzwischen mit meinem Freund zusammen. Wir hatten es dazumal gut miteinander und auch die Banklehre verlief problemlos. Aber unsere Wohnung befand sich in einem Wohnblock meines verstorbenen Großvaters, wo sich auch das Büro meines Vaters befand. Er stand fast täglich unangemeldet vor der Tür und drang ungefragt in unsere Wohnung ein. Da ich noch in der Ausbildung war, sah er, wann ich nachmittags früher von der Wirtschaftsschule daheim war und dann gingen die Tiraden los. Er schimpfte über meine Mutter, „diese Hure", und ließ seine ganze Wut an mir aus. Ich fühlte mich hilflos. Dazumal war ich mit meiner Mutter noch eng verbunden und seine Ausbrüche gingen seelisch an meine Grenzen. Ich fühlte mich hilflos, wusste nicht, was ich sagen sollte und blieb stumm, bis er wieder gegangen war. Es tat mir weh, dass er meine Mutter immer „Hure" nannte und fragte mich, wieso er immer dieses Schimpfwort benutzte. Natürlich besuchte ich meine Mutter in der Schweiz, an dem Ort, wo ich meine Sommerferien oft verbracht hatte. Meine Muttersprache war Schweizerdeutsch und ich fühlte mich auch mit der Schweiz sehr verbunden. Auch sie war seit meiner Kindheit immer ein Stück Heimat für mich gewesen. Als ich einmal von solch einem Besuch zurückgekehrt war, hatte ich auf meinem alten Polo, den mein damaliger Freund aus einem Unfallwagen zusammengebastelt hatte, einen wunderschönen Aufkleber mit dem Berner Wappen draufkleben. Ich hatte mir nichts dabei gedacht, schon gar nicht, dass ich damit meinen Vater provozieren würde. Es dauerte nicht lange und da stand er wieder vor meiner Haustür, drückte mich zur Seite, lief in die Wohnung hinein und ließ seiner Wut freien Lauf. „Du nimmst sofort diesen Aufkleber vom Auto runter, oder du darfst auf diesem Parkplatz nicht mehr parken." Ich erinnere mich noch gut, wie er rumschrie und tobte und mich ganz klein machte. Als er endlich gegangen war, wollte ich nur noch eins: raus aus dieser Wohnung. Nur weg von hier. Noch konnte ich meine Heimat nicht verlassen, aber das Ziel rückte immer näher und ich arbeitete daran, wie einst meine Mutter. Als Hartmut abends heimkam, berichtete ich ihm davon und wie ich es hasste, so unterdrückt zu werden. Ihm ging es genauso. Das Schicksal meinte es gut mit uns und Hartmut fand sehr schnell eine Lösung. Er war Mitglied im Kanuverein in Esslingen und dadurch sehr gut vernetzt. Sein bester Freund hatte vor Kurzem die Firma seines Vaters geerbt und dort gab es eine Hausmeisterwohnung, die leer stand. Wir konnten sofort einziehen. Auch das organisierte Hartmut gekonnt und so ging alles ganz schnell. Mir war es egal, dass es nicht meiner Schicht entsprach und dass wir an der meistbefahrenen Eisenbahnstrecke Deutschlands wohnten. Ich hatte mich endlich von Papa abgegrenzt. Nun war ich endlich nicht mehr so einfach erreichbar für ihn. Ich rief ihn an, um ihm Bescheid zu geben, dass er die Wohnung weitervermieten könne, dass ich ausgezogen sei. Er war entrüstet und faselte noch etwas von Kündigungsfrist. Das war mir egal. Er hatte genug Mieteinnahmen, um dies zu verschmerzen, es war je eh nur ein Gegenargument gewesen, um mich wieder runterzumachen. Von da an hatten wir diesbezüglich unsere Ruhe und ich war erleichtert, dass ich es geschafft hatte, mich endlich abzugrenzen. So verbrachte ich die restliche Zeit in meiner Heimat recht friedlich und lebte mein Leben. Den Kontakt mit meinem Vater hatte ich nicht abgebrochen. Ich besuchte ihn hin und wieder bei ihm daheim. Er gab mir dann aber immer die abgelaufenen Sachen aus seinem Kühlschrank mit, die für uns unbrauchbar waren. Ich fand es schäbig, wagte aber nichts zu sagen. Von Hartmut wollte er nichts wissen, ließ ihn nicht grüßen und fragte auch nie, wie es ihm erging. Auch kam er uns nie im neuen Heim besuchen. Ich vermisste es auch nicht. Einmal hatte ich ihn gefragt, ob er nicht seine Beziehungen mit seiner Hausbank spielen lassen könne, damit ich nach Abschluss meiner Lehre eine Stelle in München, meiner Traumstadt, antreten könne. Es war damals nicht so einfach, nach der Lehre eine neue Stelle zu finden. Er brummte nur „Du bleibst hier". Das war aber nicht in meinem Sinne und der Drang, meine Heimat zu verlassen, war immens. So fand ich einen anderen Weg. Es war Ostern und ich besuchte meine Mutter in der Schweiz. Dort las ich den „Tagesanzeiger" von Zürich, der damals mit einer dicken Beilage „Der Stellenanzeiger" bestückt war. Damals gab es noch sehr viele Auslandsbanken, die es heute nicht mehr gibt. Doch ich hatte keine Ahnung, wie man sich bewarb. Wo hätte ich das auch lernen sollen? Meine Mutter fragte einen Bekannten, der ihr ein paar Tipps gab. Die waren leider nicht brauchbar. Ich probierte diese „Tipps" aus, begab mich persönlich an den Schalter diverser Banken und bat um ein Gespräch. Man schaute mich nur dumm an und meinte, dies sei nicht üblich. Schließlich entdeckte ich, dass es in Zürich eine Deutsche Bank gab. Ich rief an, sagte, dass ich eine Stelle für den Herbst suche, wenn ich meine Lehre absolviert hätte. Sie verwiesen mich nach Genf, dort befände sich die Personalabteilung. Und so kam es, dass ich im September meine erste Stelle in Genf antrat. Ich teilte dies meinem Vater erst mit, als ich auf dem Weg nach Genf war. Ich hatte keine Lust, mich mit ihm auseinanderzusetzen. Er war sprachlos.

Und so begann ich ein neues, eigenständiges Leben.

Ein fast perfektes Leben

Uschi hatte einen Unternehmer geheiratet und alle finanziellen Unsicherheiten fielen auf einmal weg. Sie konnte auch ihre Familie in der Schweiz mit all ihren Erwartungen hinter sich lassen, denn ihr Mann lebte in Deutschland. Sie hatten drei Kinder miteinander, somit hatte sie ausgesorgt. Ihr Schwiegervater, ein Bauunternehmer, schwärmte für sie, denn sie war eine wunderschöne, schlanke, großgewachsene blonde junge Frau. Wenn sie einen Raum betrat, wurde es jeweils still und alle Blicke richteten sich auf sie. Ihre Schönheit war umwerfend. Und sie war Schweizerin. In den Nachkriegsjahren in Deutschland war dies etwas Besonderes. Sie kam aus dem gelobten Land und verkörperte dies in jeder Hinsicht. Aber auch in ihrer Heimat staunte man, wie weit sie, die junge Lehrerin, es mit dieser Heirat gebracht hatte. Trotz drei Kindern hatte sie in dieser Zeit bereits ihren eigenen Wagen, einen VW Käfer. Und sie trug natürlich einen Pelzmantel im Winter, der ihre Schönheit unterstrich. Sie musste auch nicht mehr arbeiten. Sie lebte ein angenehmes Leben. Wenn sie ihre Schulfreundinnen in der Schweiz besuchte, dann ließ sie eine gewisse Arroganz durchblicken. Sie war etwas Besseres. Sie war stets elegant und äußerst modisch gekleidet. Die Art, wie sie sich bewegte, zeigte deutlich, dass sie es „geschafft" hatte. Sie gehörte zu den „oberen Zehntausend". Sie lebte nun in einem Haus in der Stadt und ihre damaligen Freundinnen aus dem Lehrerseminar waren für sie nur noch Bauernmädchen aus dem Berner Oberland, die sie nun bewunderten und heimlich beneideten. Im Haushalt gab es nicht viel zu tun. Sie hatte eine Putzfrau, die sie unterstützte, und ihre Kinder erzog sie zur Selbstständigkeit, sodass diese viele Arbeiten im Hause übernehmen mussten. Vor allem ihre zwei Mädchen. Ihr Erstgeborener, ein Sohn, wurde stets verschont, denn er war ihr Liebling. Ihr Prinz.

So ging sie in ihrer Freizeit viel reiten, ein Hobby, dem sie gerne frönte. Sie genoss ihre Freiheit in vollen Zügen, während ihr Gatte hart arbeitete, um die Familie zu ernähren. Natürlich durfte sie jedes Jahr zur Kur nach Italien. Sie schrieb ihren Liebsten schöne Ansichtskarten von Ischia, wo sie sich mit Massagen und Fango an der warmen Sonne Italiens verwöhnen ließ. Sie ergriff jede Gelegenheit, die sich bot, nach Italien zu reisen. Aus lauter Langeweile hatte sie ihr Sprachtalent wieder aufleben lassen und sich in ihrer Gemeinde insofern etabliert, dass man sie bat, als Übersetzerin, ja gar als Reiseleiterin Gruppenreisen in den Süden von Italien zu begleiten. Über viele Jahre hinweg führte sie dies vielmals nach Rom, aber auch nach Neapel und Sizilien. Auf den Erinnerungsfotos wirkte sie stets glücklich und ausgeglichen. Ja, sie schien sozusagen aufzublühen, wenn sie mit den Rentnern der Gemeinde in das sonnige Italien reiste.

Als ihre Kinder älter wurden und ihre eigenen Wege gingen, besuchte sie für drei Monate Florenz, um einen Abschluss in Italienisch zu erlangen. Eine Tochter von ihr, Bea, erschien eines Tages spontan mit einer Freundin, als sie auf der Durchreise waren. Aber Uschi hatte keine Zeit für sie und fand stets irgendeinen Vorwand, um sie nicht zu sehen. Dies machte Bea sehr misstrauisch. So folgte sie ihrer Mutter eines Abends heimlich, um zu schauen, was sie denn so Wichtiges vorhatte, dass sie sich nicht einmal Zeit für ihre eigene Tochter nahm. Es war nicht schwierig, denn es war Sommer und es schlenderten viele Touristen auf den Straßen von Florenz. Die Straßencafés und Restaurants waren zum Bersten voll und die lebensfreudige Lebensart Italiens war überall ersichtlich. So folgte Bea ihrer Mutter durch viele Straßen der Altstadt, bis sie ein elegantes Restaurant betrat. Vorsichtig näherte sie sich dem Restaurant im Schatten der Dunkelheit und erblickte einen gut aussehenden, älteren Italiener, der ihre Mutter herzlich begrüßte und umarmte. Der Begrüßungskuss fiel sehr intim aus und Bea erkannte eine Vertrautheit zwischen den beiden, die nur ein langjähriges, verliebtes Paar entwickeln konnte. Beas Herz pochte ganz aufgeregt und sie hätte am liebsten ihrer Schwester angerufen, um ihr davon zu berichten. Sie beobachtete die beiden noch etwas durch das Fenster. Dieser gut aussehende Italiener ergriff die Hand ihrer Mutter und ließ sie nicht mehr los. Sie schienen sich sehr viel zu sagen zu haben und ihre vielsagenden Blicke sprachen Bände. Schließlich riss sich Bea aus dieser Beobachtersituation los und lief zum nahe gelegenen Park. Sie musste sich setzen und erst einmal verdauen, was sie gesehen hatte. Es ging ihr so viel durch den Kopf. Die vielen Italienaufenthalte ihrer Mutter über all die vergangenen Jahre ... Und dann fiel es ihr wie Schuppen von den Augen: Ihr älterer Bruder hatte einen viel dunkleren Teint als der Rest der Familie. Dies hatte ihr schon immer zu denken gegeben. Auch war er stets der Liebling ihrer Mutter gewesen und hatte sich immer alles erlauben dürfen. Viel Ähnlichkeit mit dem ahnungslosen Vater hatte er nie gehabt. Und zu allerletzt hatten ihre Schwester und sie ihn immer heimlich den „Mafiosi" genannt, weil er einen so ganz anderen Charakter als die beiden hatte, und sie oft dermaßen manipulierte und ausnutzte, dass sie ihm diesen so treffenden Namen gegeben hatten.

Soeben hatte sich ein fehlendes Puzzleteil in ihrem Leben eingefügt ...

Gedichte

Barabenteuer (Songtext)

Lang schon sitz' ich hier
Und an diesem Abend reicht es mir,
Der Platz neben mir ist lange schon so leer
Ich hoffe, du trinkst niemals mehr mit mir.

Ich bleib nicht länger hier
Ärg're mich und wünsch' den Teufel dir
Hab keinen Euro für ein kühles, frisches Bier,
Denn alles, was ich hatte, nahmst du mir.

Es ist schon fast vier
Und vom Sitzen spür ich meinen Hintern kaum mehr
Geh' jetzt fort von hier,
Denn mein Kopf und meine Taschen sind ja so leer,
Ja, so leer!

Längst schon bist du fort,
Suchst dein Glück an einem ander'n Ort
Und auch dort spielst du das brave, liebe Schaf
Raubst gnadenlos den Männern Geld und Schlaf

Melodie: „On the Road again"

Gedankenlos

Ohne nachzudenken schlägst du immer wieder
Nägel in einen Baum.
Plötzlich beschwert sich der Baum, dass er Schmerzen hat.
Du bist überrascht,
möchtest aber den Baum von seinen Schmerzen befreien.
Und ziehst alle Nägel wieder heraus.

Vorerst bleiben die Löcher, also die Wunden,
die du geschlagen hast.
Es kostet den Baum viel Zeit und Anstrengung,
diese Wunden zu schließen.
Jedoch die Narben erinnern ihn an die Verletzungen.

Dieses Bild lässt sich auch auf uns Menschen übertragen.
Die Nägel stehen für zugefügtes Leid und Demütigungen.
Vieles kann nicht mehr vollständig rückgängig gemacht werden.
Narben können wieder aufbrechen,
Erinnerungen bleiben lebenslang.

Harmonie

Dort, wo man singt,
Da lass' dich ruhig nieder
Doch viele Menschen haben
Kaum noch Lieder
Meist nur noch eins:
Politisch Lied, ein garstig Lied
Vor dem ein jeder nur noch flieht.
Und statt vereint
Getrennt sind sie –
Denn leider fehlt die Harmonie

Inzidenz

Kennzt du schon die Inzidenz?
Die Zahl, die Qual des Orientz und Okzidentz?

Sie sinkt, sie steigt, stagniert,
Wird publiziert, manipuliert.
Bis jeder den Verstand verliert!

Sie steuert Freizeit, Freiheit
Und die Wirtschaft
Zeit wirdz, dazz einer
Sie mal abschafft.

Licht und Schatten

Der Mensch, er wird geboren
Er weiß nicht, wie ihm ist
Er hat das Licht der Welt erblickt
Noch sieht er Schatten nicht

Der Mensch, er wird dann leben
Wird seine Wege geh'n
Vom Leben ist er noch entzückt
Doch wird noch viel gescheh'n

Hat er dann mit viel Mühe
Das Erwachsensein erreicht
Dann wird er auch erfahren,
Dass mit dem Licht
Der Schatten
Ja niemals von ihm weicht

Der Mensch, der wird dann sterben
Das Jenseits kennt er nicht
Das Licht der Welt ist ihm entrückt
Kein neuer Weg in Sicht

Lebensereignis

An diesem ganz besond'ren Tag
Schau nicht zurück
Mit wehmutsvollen Blicken
Auch nicht verzag'.
Schau fest nach vorn'
Und trotze den Geschicken.
Kopf hoch!
So meisterst du des Lebens Tücken.

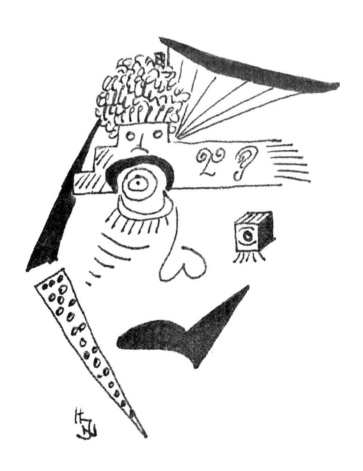

Orientalische Orientierung

Du Wanderer aus dem Orient,
Der Europa noch nicht kennt
Sollst dich orientieren jetzt
Was Regel hier ist, was Gesetz.

Willst du im Land gern länger bleiben
Musst du Anpassung betreiben:
Sprache lernen, Arbeit suchen
Freundlich sein und auch nicht fluchen.

Nette Helfer gibt's ganz viele
Auf dem Weg zu deinem Ziele.
Wenn's länger dauert nicht verzagen
Und mit Fassung manches tragen

Bist du außerdem noch schlau
Freu'n wir uns auf dein „Know-how"
Ich denk', fürs Erste war's das schon
Viel Erfolg bei deiner Integration.

Schwarz-WeißBunt

Das Fernseh'n, wie ein jeder weiß,
Konnte anfangs nur schwarz-weiß.

Bald d'rauf war es in aller Mund'
Die Röhre kann jetzt auch schon bunt!

Selbst wenn das Bunte wir mehr lieben
Ist vieles doch schwarz-weiß geblieben.

Sicherheit

Du baust dir auf dein Leben
Suchst Sicherheit, brauchst Geld
Doch es bleibt bei diesem Streben
Denn nichts ist sicher auf der Welt

Sei heute fröhlich
Nicht erst morgen
Vergiss die Mär von Sicherheit
D a n a c h zu streben bringt nur Sorgen
Bedenk – du bist hier nur auf Z e i t .

Terrorist und Kommunist

Dem Terrorist', dem Kommunist'
Kommun den beiden Terror ist.
Ein jeder treibt's auf seine Weise,
Der eine laut, der and're leise.

Monday and Friday

Monday morning is a very sad
Must go to work – oh, how bad
My girl stays at home
And here I'm alone
So I'm not happy or glad

But **Friday** noon is a wonderful time
I jump in my car and I feel fine
I'll soon reach the place
Where I kiss my girl's face
Her skin tastes always like lime

Mein Leben auf dem Bauernhof (2)
Zeitfenster (Kurzgeschichte)

Mitte der 50er-Jahre war unser Bauernhof im Vergleich zu den anderen landwirtschaftlichen Anwesen im Dorf einer der fortschrittlichsten. Die meisten Bauern hatten nur Ochsen zum Ziehen von Lasten und für die Feldarbeit.

Aber wir hatten schon zwei Pferde, „Hans" und „Liesi". Diese wurden leider später durch einen grünen Traktor der Firma „Deutz" ersetzt, was uns Kinder zuerst sehr traurig machte. Aber nach einiger Zeit des Vergessens hatte die neue Maschine unsere Neugier geweckt.

Wir durften auf dem Traktor herumklettern, gelegentlich mit Wolfgangs Vater Fritz mitfahren und bald lernten wir auch mit Kupplung und Schaltung umzugehen.

Unser „Können" sprach sich bei anderen Bauern im Dorf herum und wir wurden zu begehrten Mitarbeitern bei der Getreideernte.

Die Aufgabe war, auf dem Feld im 1. Gang immer ein Stückchen „nachzufahren", sodass die Bauern und Helfer die „Kornmännchen" aufladen konnten. Wolfgang und ich freuten uns sehr auf einen derartigen Einsatz, der auch ein kleines Taschengeld bis zu DM 5.– pro „Fahrt" einbrachte.

In unserem Haus gab es schon damals in jedem Stockwerk **ein!** „Innen-Plumps-Klo". Nur die beiden Wirtshäuser, die Schule und natürlich das Pfarrhaus hatten meines Wissens Toiletten mit Wasserspülung.

Weit verbreitet im Dorf waren standardmäßig die Holzhäuschen mit dem ausgeschnittenen Herzchen in der Tür, die wenig einladend irgendwo im Hof versteckt oder in der Nähe des Misthaufens postiert waren.

Da stellte jeder Toilettengang eine Herausforderung dar, die sich bei schlechtem Wetter und vor allem im Winter ins fast Unbeschreibliche steigerte.

Eine weitere Errungenschaft in unserem Haus war die Kaltwasserstelle im 1. Stockwerk. Beim Wasserholen freuten sich besonders die Hausfrauen darauf, Mitbewohnerinnen zu treffen, um ausgiebig Neuigkeiten auszutauschen.

Bäder hatten wir zu diesem Zeitpunkt keine. Eine Waschschüssel mit warmem Wasser (das hatte man vom Küchenofen), ein Waschlappen und ein Stück Kernseife reichten für die einfache Körperpflege („Katzenwäsche") in der Wohnung.

Im Sommer gingen wir im Fluss „Regen" zum Schwimmen und vor dem Heimweg, seiften wir uns von Kopf bis Fuß ein, sprangen danach noch mal ins Wasser, trockneten uns ab und gut gesäubert ging's dann nach Hause.

Zu dieser Praktik fällt heute sicher dem einen oder anderen der Begriff „Umweltverschmutzung" ein.

Davon hatten wir erst viele Jahre später gehört. Stand wohl auch nicht im Duden, denn unsere Lehrerin wusste auch nichts davon.

Aus verständlichen Gründen fand diese Art der „Freikörperreinigung" im Winter nicht statt. Aber es gab eine Alternative, die sich jedoch nicht jeder leisten konnte oder wollte.

Im Dorfschulhaus bestand die Möglichkeit, an Samstagen ein Bad zunehmen. Für 30 Pfennige pro Person konnte man eine der vier Kabinen mit Badewanne und heißem Wasser für eine halbe Stunde mieten.

Kann mich noch gut erinnern, dass meine Mutter immer einen Badezusatz in Form einer großen, grünen Brausetablette mit Fichtennadelduft in ihrem Gepäck hatte. Das war für mich die Krönung des Badeerlebnisses und ich hatte noch tagelang den Geruch von Fichtennadeln in der Nase.

Nach der Reinigung packten wir uns für den Nachhauseweg gut ein, denn im Schulhaus gab es keinen Fön und wir besaßen auch kein Auto.

Die Monate und Jahre gingen dahin, bis eines Tages Rosa, die Frau des Bauern, die auch Hebamme war, aus ihrer Sicht eine großartige Idee hatte.

Neben dem Brunnen und Sandhaufen, wo Wolfgang und ich öfter spielten, befand sich ein großer Backofen, der nicht mehr benutzt wurde. Rosa wollte daraus ein Waschhaus entstehen lassen.

Dieses Ansinnen führte natürlich zu Diskussionen innerhalb Rosas Familie. Fritz, ihr Ehemann, lehnte diesen Plan zuerst vehement ab und verwies auf die möglichen Kosten und den Zeitaufwand.

Da Rosa aber eine starke Persönlichkeit war, konnte sie sich schließlich durchsetzen und das Projekt „Waschhaus" wurde in Angriff genommen.

An dieser Stelle möchte ich jetzt nicht von den Schwierigkeiten der Durchführung und den Rückschlägen dieser Aktion berichten – die man wohl heute als „upcycling" bezeichnen würde –, sondern ich komme gleich zur Inbetriebnahme des „Backofen-Waschhauses", die große Freude im Haus auslöste.

Es war eine doppelte Freude. Der große Kessel im neuen Waschhaus, der mit Holz und Steinkohlen geheizt wurde, machte es möglich, viel Wäsche zu waschen.

Nach dem Waschgang wurde noch mal frisches Wasser eingelassen und erwärmt, damit danach alle Hausbewohner, die es wollten, in der großen Zinkbadewanne Körperpflege betreiben konnten.

Das war selbst bei niedrigen Außentemperaturen kein Problem, denn der Kessel wärmte auch das Waschhaus (obwohl die Fenster keine Isolierverglasung hatten) und man konnte nach der Körperreinigung auf kurzem Weg über den Hof das Haus erreichen. Im Vergleich zu heute war damals der Wasch- und Badetag wohl eher ein rustikales Erlebnis.

Ein paar Jahre später verließen zwei Familien ihre kleinen Wohnungen, von denen eine davon an unsere grenzte.
Diese kleinen Wohnungen wurden zu Bädern umgebaut. Und so bekamen wir und die Familie gegenüber jeder sein eigenes Bad mit Zugang über den Flur.
Die Wasserstelle auf unserem Flur verlor damit teilweise ihre kontaktfördernde Funktion, der Flur blieb aber trotzdem ein Raum der Begegnungen ...

Das Waschhaus wurde weiterhin von allen zum Wäschewaschen genutzt, andere Mitbewohner, die (noch) kein „Nasszelle" im Haus hatten, nahmen gelegentlich dort auch ein Bad.

Die „UN": Un-vereinte Nationen (Glosse)

Wörter, die sowohl in der englischen als auch in der deutschen Sprache mit der Vorsilbe un-/Un- beginnen, drücken in der Regel etwas Negatives aus; w. z.B.:

deutsch: Unglück, ungezogen, ungewiss, unsinnig, unwillig
englisch: unhappy, unbelievable, unfortunately, unsuccessful, uncertain

Könnte man diese Vorsilbe nicht genauso gut auf die Institution „UN" („Un-vereinte Nationen") anwenden?

Eigentlich ist es für Menschen, die an demokratisches Handeln glauben, **un-vorstellbar**, dass in diesem Debattierclub für wortgewandte, z.T. ältere und gelangweilte Vertreter/Innen von 193 Staaten mit Verantwortung für ihre Völker und beinahe für die gesamte Welt Beschlüsse – falls diese überhaupt zustande kommen – **un-verfroren** durch eine einzige Vetomacht blitzschnell blockiert werden können.

Un-verschämt hoch sind die Reise- und Unterbringungskosten, die von den Steuerzahlern für die Teilnehmer getragen werden müssen.
Dazu kommt noch die **un-glaubliche,** zusätzliche Umweltverschmutzung durch Verkehrsmittel aller Art, die von den Vertretern der verschiedenen Staaten benutzt werden, um zu den Tagungsorten zu gelangen.

Un-verständlich ist der Aufwand im Vergleich zu den Ergebnissen, die sich oft erst nach mehrmaligen **un-sinnigen** „Zu-

sammenkünften" in verschiedenen Ländern in **un-spektaku-**
lärer Form einstellen (z.B. Klimakonferenzen) und dann noch
un-endlich schwerfällig umgesetzt werden.

Die 5 Vetomächte = 5 ständige Mitglieder
- Frankreich
- Russland
- GB
- USA
- China

Leider ist es **un-gewiss**, ob und wie sich diese Institution er-
neuern wird. Vorläufig wird sie auf **un-bestimmte** Zeit so **un-**
ausgegoren und **un-effekiv** vor sich hindümpeln wie in der
Vergangenheit, ohne weltweite **Un-ruheherde** wirkungsvoll be-
kämpfen oder diktatorische **Un-ruhestifter** zur Rechenschaft
ziehen oder zur Umkehr zwingen zu können.

Wintererzählung

Ich sitze mit meinem Freund Poldi zusammen. Bei mir zu Hause, im adventlich geschmückten Wohnzimmer. Der große Adventskranz, der von der Zimmerdecke herunterhängt, verströmt aus den grünen Zweigen Tannenduft. Die zweite Kerze brennt. Der Rotwein vor uns auf dem Tisch funkelt rubinrot im Glas, und die Weihnachtsplätzchen in der Schale führen uns in Versuchung zu naschen. Es ist so richtig schön gemütlich.

Weil mir seine Weihnachtsgeschichte bei unserem letzten Treffen gut gefallen hat und ich deshalb ein wenig nachhelfe, sind wir bald wieder mit dem Erzählen bei seiner Kindheit und frühen Jugend. Im Thüringer Winter in einem kleinen Thüringer Städtchen. Eine Wintergeschichte, sozusagen als Fortsetzung der Weihnachtsgeschichte der letzten Heimzeitung.

Wenn Sie mögen – ich habe sie für Sie aufgeschrieben:

„Ich erinnere mich noch gut", beginnt Poldi zu erzählen, „dass die Wohnung meiner Großeltern in den damals strengen und schneereichen Thüringer Wintern schwer warm zu halten war. Die zugigen Fenster aus einfachem Glas hatten dann dick gefrorene Eisblumen, die erst im Laufe des Vormittags wegtauten, nachdem die Großmutter den Küchenofen tüchtig eingeheizt hatte. Durch Fenster und Türen zog es gewaltig. Wind und Kälte drangen ungehindert in die Räume. Dichtmaterial gab es in diesen Jahren nicht oder nur selten. Die Deckenrollen unten an den Türen und Fenstern halfen nicht viel. Aber nachts fror man trotzdem nicht, denn jeder hatte eine dicke Federbettdecke, unter der es richtig gemütlich war, besonders, wenn am Fußende eine kupferne Wärmflasche die Füße wärmte.

Das Brennmaterial für den Küchenofen und den selten beheizten Kanonenofen im mittleren Zimmer wurde im Herbst aus den umliegenden Wäldern geholt. Trockene, abgestorbene Äste oder Stämme. Und manchmal, wenn der Förster es erlaubte, war auch der eine oder andere Baumstamm-Meter dabei, der sorgfältig gesägt und in Scheite gespalten wurde, die schließlich einen ordentlichen Stapel ergaben. Das kostete fast nichts und hielt den ganzen Winter. Wenn das Geld reichte, konnte man auch bei der örtlichen Genossenschaft Braunkohlebriketts bestellen. Die lieferte dann ein Kutscher mit einem Kohlewagen, der von zwei kleinen, sandfarbenen Shetlandponys mit blonder Mähne gezogen wurde. Die Kohle war von schlechter Qualität. In kalten Wintern, wenn viele heizten, hing bei Inversionswetterlagen über der kleinen Stadt beißender, Tränen und Husten verursachender Kohlerauch. Gott sei Dank kam das nicht so oft vor."

Poldi hält inne, hängt seinen Erinnerungen nach. Wir greifen mit dem „Rollgriff" in die Plätzchenschale und genießen den Wein und die vorweihnachtliche Atmosphäre.

„Spannend fand ich auch jedes Jahr wieder das Federnschleißen", fährt der Freund schließlich fort.

„In der Heimat meiner Großeltern, aber auch in anderen ländlichen Gegenden, war das Schleißen eine Nachbarschaftshilfe, bei der man einander half, die an sich langweilige und pusselige Arbeit unter Kurzweil hinter sich zu bringen.

Der Schleiß, das ist der Federkiel, und Schleißen bedeutet, die Federfahnen mit der Hand vom Kiel zu zupfen. Die Federn wurden für Kissen und Betten gebraucht.

Hier, im Thüringen meiner Kindheit, lud man, wenn man eine Gans oder Ente zugeteilt bekommen oder irgendwie erworben und deshalb Federn hatte, im Januar oder Februar reihum Freunde und Verwandte ein. Jeder brachte ein mehr oder weniger großes Säckchen Federn mit und breitete sie vor sich auf dem großen Tisch aus.

Dazu gab es Kaffee und Kuchen, und, wenn es später wurde, auch mal ein Likörchen, einen Wein oder ein Gläschen Danziger Goldwasser. In der Folge wurde die Unterhaltung zunehmend ausgelassener, bis schließlich die Großmutter ganz entschieden meinte, ich müsse nun aber wirklich schlafen gehen. Natürlich habe ich im Nebenzimmer in meinem Bett weiter gelauscht, bis ich schließlich eingeschlafen war."

Poldi gluckst in sich hinein. Wer weiß, was er in diesen Stunden alles aufgeschnappt hat.

Einen Rollgriff Weihnachtsplätzchen weiter taucht er wieder in seine Erinnerungen ein.

„Eine Freude war jedes Jahr der erste Schnee, meist schon Anfang Dezember. Der musste gleich morgens, noch vor dem Frühstück, begrüßt werden. Noch in Filzschlappen rannten die Kinder unseres Wohnhauses auf den Hof. War es schöner Pulverschnee, oder bloß „olle Matsche", die man zu nichts gebrauchen konnte?

Mit großer Begeisterung bin ich als kleiner Junge winters Schlitten gefahren. An den Hügeln und Hängen rund um das Städtchen gab es viele Rodelstrecken. Etwa die von der Burg oben hinunter durch den Wald, dann, hui, rechts durch die enge Kurve entlang der Friedhofshecke bis zum Ende der Rodelbahn bei der Friedhofskapelle. Mutige stürzten sich gar zu zweit oder gar zu dritt mit aneinandergebunden Schlitten hinunter. Oft trug es einen auch aus der Kurve und man landete in der Hecke. Meist weich, aber immer stachelig. Triangel in Hose oder Jacke gab es aber dennoch selten.

Spaß machte es auch, im Frankental auf einer abschüssigen Wiese unterhalb des Bahndamms der viel befahrenen Bahnstrecke nach Ilmenau die Piste hinunterzuschießen. Ein schönes Bild dann, wenn die kleinen Dampfloks emsig schnaufend ihre kurzen Personenwagen bergan in den Thüringer Wald schleppten. Meist ließen die Zugführer ein lustig-lautes Pfeifsignal ertönen und winkten lachend zu uns herunter. Oft kamen auch lange

Güterzüge vorbei, mit zwei Loks bespannt, die sich mit Mühe und viel Dampf den Steiltrassen des Thüringer Waldes entgegenstemmten. Auf mich wirkte das Stampfen und Dampfen, als ermunterten sich die Maschinen selbst: „Ichschaffesnoch, ichschaffesnoch, ichschaffesnoch". Mit Beginn der Dämmerung, nach zigfachem Rauf und Runter auf der Rodelpiste, überfiel einen dann eine wohlige Müdigkeit. Die Kälte kroch durch die von Schnee und Eis durchweichten Kleider. Die Lederstiefel, ebenfalls vom Schnee durchdrungen, wärmten nicht mehr, die Füße wurden langsam nass und kalt. Gerade noch so schaffte man es nach Hause. Wie die Großmutter einen von den klammen Sachen befreite, das gierig hinuntergeschlungene Wurstbrot und die heiße Milch – all das bekam man kaum noch mit und sank schließlich erschöpft in das mit der heißen Wärmflasche erwärmte Bett.

Ein paar Jahre später. Schlittenfahren war nun was für kleine Kinder. Die ersten Skier wurden angeschafft, als ich etwa sieben Jahre zählte. Sobald die Abfahrt an einem sanften Hang weit genug gediehen war, wurde das eigentliche Ziel unserer wintersportlichen Aktivitäten ins Auge gefasst, das Skispringen. Auf einer Weide am Strubbelsberg hatte ich mit meinen Freunden eine kleine Sprungschanze gebaut. Ebenso im Frankental in einer abschüssigen Waldlichtung. Die war besser, weil sie einen weiter trug. Der Großvater machte eifrig mit seiner Agfa Box Bilder, wie ich grade vom Schanzentisch abhebe, ein paar Meter weit fliege und mich dabei wie Helmut Recknagel fühle, der damalige berühmte Meisterspringer und Idol aller Jungen. Immer noch mal musste ich die Schanze runter, bis er der Meinung war, jetzt den richtigen „Schuss", ein scharfes Bild, gemacht zu haben.

Abends wurden die Laufflächen der Skier gewachst. Im schwach beleuchteten Flur legte jeder andächtig seine Bretter auf der langen, niedrigen Kommode neben unserer Wohnungstür nieder. Das mit einer Kerzenflamme flüssig gemachte

Wachs wurde auf der Unterseite verteilt und hernach mit einem alten, auf dem Küchenherd erhitzten Bügeleisen zu einem glatten, braunen Wachsfilm ausgebügelt. Das roch für uns ganz herrlich. Sozusagen Helmut Recknagel-mäßig. Jeder schwor auf seine eigene Wachsmischung.

So vergingen die Wintermonate dieser Jahre wie im Fluge, und erst der Frühling brachte wieder andere, interessante Spiele und Beschäftigungen für uns Kinder."

Ach, wie schade! Die Uhr zeigt schon weit nach Mitternacht. Wir beschließen, es für heute gut sein zu lassen, vereinbaren aber, uns bald mal wieder gemütlich zusammenzusetzen.

Wer weiß, vielleicht wird ja wieder eine Geschichte draus ...

Rocky – ein Nachruf

In unserer Familie lebte bis vor Kurzem ein Hund namens Rocky. Vom Äußeren her war er ein kleiner Schäferhund; als Rasse ein portugiesischer Podenco-Mischling. Auf seinem sandfarbenen, kurzhaarigen Fell waren links und rechts, jeweils vom Schulteransatz bis zur Körpermitte als schwarz linierte Zeichnung zwei Flügelchen zu erkennen.

Er sah damit aus wie ein Hundepegasus mit angelegten Flügeln. Oder eben auch wie ein Hundeengelchen.

Vor einiger Zeit ist er ganz plötzlich verstorben. Wegen eines vor langer Zeit festgestellten Herzfehlers. Er wurde nur sechs Jahre alt. Wir haben ihn seinerzeit aus dem Tierheim geholt. Er stammte aus Portugal, wo er als Weihnachtsgeschenk für ein kleines Mädchen seine Kindheitstage verbrachte. Diese Zeit muss nicht sehr schön gewesen sein. Denn immer, wenn ihm dunkelhaarige, braunhäutige Kinder begegneten, geriet er außer Rand und Band, hätte die Kinder am liebsten angefallen.

Dabei war Rocky ein so lieber Kerl. Wie schön waren die täglichen, langen Spaziergänge mit ihm bei Wind und Wetter rund um unseren Ort. Unvergesslich, wenn er am Grunde der gras- und sträucherbewachsenen Ränder der Wege und Felder meinte, ein Mäuschen gesehen zu haben. Wuff! Nach einem katzenähnlichem Hechtsprung mit allen Vieren hoch durch die Luft, das Schwänzchen in höchster Erregung hin und her peitschend, landete er auf dem Fleck, wo vermeintlich ein kleines Opfer sich seines Lebens an Licht und Sonne erfreute. Zum Glück täuschte er sich oft, hatte die kleinen Grashalme im Wind für Zeichen fetter Beute gehalten. Dennoch gelang es ihm nicht selten, ein Mäuschen zu erwischen. Fraß er es, schickte Herrchen ein kurzes Gebet gen Himmel, Gott möge dieses kleine Wesen in sein Licht aufnehmen! Hatte er keine Lust, es gleich zu verspeisen, wurde es sorgfältig begraben. Mit einem Pfötchen ward eine genau passende, kleine Grube aufgeschoben, am liebsten an der Seite einer Spargelfeldfurche, dann das Mäuschen ganz behutsam, als könne man ihm noch wehtun, hineingelegt und das kleine Grab sodann mit der Nase in akkurat abgezirkelten Schüben mit Erde bedeckt. Wir hofften immer, das Mäuslein habe sich nur tot gestellt und sei, wenn die Luft wieder rein war, auf und davon gerannt.

Auf die Gesichter so vieler Menschen, denen wir begegnet sind, hat er ein freundliches Lächeln gezaubert. Sollten nicht auch wir danach streben, das für uns zu bewirken? Es würde unser aller Leben, unser Miteinander erleichtern und verschönern.

Im Haus hinterlässt Rocky viele leere Plätze, an denen er entweder nachts geschlafen oder viele Stunden des Tages verdöst hat. Unvergessen das Bild, wenn er abends im Dunkeln aus dem kleinen Fenster oben im Dachgeschoss, auf die Vorderpfoten gestützt, neben der auf dem Fenstersims brennenden Lampe von unten gespenstisch angeleuchtet, auf die Straße starrte. Schleicht nicht doch vielleicht noch ein Kätzchen umher, oder ein anderer Hund traute sich ins Revier? Sein breites Lachen übers ganze Hundegesicht, wenn man ihn streichelte und ihn dabei aus Versehen am Bauch kitzelte. Das wilde Spiel mit dem Stoffknochen oder dem Tennisball-Monsterchen …

Er war uns über die Jahre ein lieber Begleiter und fehlt uns so sehr. Deshalb sei ihm mit diesen Zeilen ein Denkmal gesetzt.

Zwischen den Welten – eine Begegnung

Ich bin dran mit der „Großen Hausordnung". Heißt: Laub und Äste von Straße und Wiese hinterm Haus zusammen- und auf einen Haufen fegen. Arbeit, die ich immer schon nicht besonders gemocht habe. Dennoch bin ich zügig fertig, ich muss nur noch die letzten Reste zusammenschieben.

Hoppla, was ist das? Etwas grau-schwarz Getigertes sitzt vor meinem Laubbesen. Ein junges Kätzchen. Sie versucht, zunächst vorsichtig und furchtsam, dann immer neugieriger und forscher nach meinem Kratzer zu haschen. Oh, hallo, sage ich. Sehr erfreut. Was machst Du denn hier?

Das siehst Du doch! Du hast da so eine extra Hand mit langen Krallen. Das ist ungewöhnlich bei euch Menschen. Die meisten Geschöpfe haben sonst nur zwei Vorderpfoten und zwei Hinterpfoten. Aber du hast noch eine Pfote zwischen den Vorderpfoten.

Ähm, nun ja, das gehört aber nicht zu mir, meinem Körper. Das ist ein Laubrechen, den ich mit meinen Vorderpfoten, also Händen halte. Damit ziehe ich Laub, Fichtennadeln und abgebrochene Äste zusammen.

Ach so, aber trotzdem ist es total faszinierend, wie das Ding sich direkt vor mir hin und her bewegt wie eine kleine Maus, da werd' ich ganz kribbelig. Die Instinkte, verstehst Du?

Also spielen wir noch ein wenig „Hin- und Herhaschen".

Sie: Ey cool. Aber, wunderst du dich gar nicht, dass wir so von Katze zu Mensch miteinander reden können?

Ich denke auch: Ey, cool! Sage aber: Nun ja, zugegeben, es ist wohl ungewöhnlich. Andererseits – ich habe da schon Sachen erlebt in schönen Parkanlagen mit Elfen und silbernen Klängen. Also, nö, ich wundere mich nicht so sehr. Ich staune jedoch, dass ich hier, in meiner neuen Heimat, ebenfalls Wundersames in Gestalt eines meine Sprache sprechenden kleinen Kätzchens erlebe.

Das muss ich aber gleich zurechtrücken, sagt sie spitz. Nicht ich spreche deine oder du sprichst meine, vielmehr sprechen wir eine gemeinsame Sprache.

Du hast wohl recht, murmele ich. War ja auch damals mit den Feen und Elfen im Park so …

Eehbent!!! Sagt sie altklug im Brustton der Überzeugung. Wir sind jetzt beide auf der Ebene der höheren Schwingungen, auf der mehr Sinne schärfer sehen und hören. Wir Katzen sind da übrigens ständig verbunden. Aber komm, lass uns lieber noch bisschen mit dem Mausekratzer spielen. Ich bin doch noch so jung, und deshalb muss ich viel Fangen üben. Das bereitet mich nämlich aufs Leben vor.

Oh, là, là!, denke ich und erinnere mich an einige Katzenbücher, die ich verschlungen habe. Da war auch von den schärferen, gar scheinbar übersinnlichen „Antennen" der Katzen die Rede.

Ich sage: Große Worte aus einer kleinen Fellschnute! Junge Dame, du bist ziemlich altklug, richtig?

Klaro, muss ich doch! Nur den Selbstbewussten gehört die Zukunft! Grade Du solltest das doch wissen.

Puh, wo sie das nun wieder herhat – von ihren Eltern, aus der Katzenschule? Wer weiß. – Auf jeden Fall spielen wir jetzt erst mal.

Ein paar Minuten haben wir viel Spaß miteinander. Sie erinnert mich an die beiden Kätzchen, die ich in meiner Studentenzeit in Heidelberg hatte.

Plötzlich hält sie inne. Weißt du wahas!?

Na, was denn?

Ich bin heute aus der Schule abgehauen und einfach Schwänzen gegangen. Was sagst Du dazu?

Ich denke: Ohgottogott, eine Katzenschule hier an den Häusern. Und überhaupt, seit wann haben Katzen ihre eigenen Schulen.

Ich sage: Na und? Findest Du das vielleicht toll? Du verpasst doch sicher eine Menge Stoff, wenn Du hier so rumschlumperst, oder?

Nö, mir ist oft so langweilig dort. Besonders der alte Lehrerkater in Sozialkunde ist blöd. Erzählt oft, was ich schon längst von meiner Mama gelernt hab.

Welches Fach interessiert dich denn dann, wenn nicht Sozialkunde?

Hach, weißt Du, Geschichte ist toll!

Aha, also Geschichte. Warum gerade das? Jedes Menschenkind findet das Fach sterbenslangweilig.

Sie richtet sich ein wenig auf und doziert mit geschwellter Brust: Man muss doch wissen, wo man herstammt! Wir zum Beispiel entstammen dem Geschlecht der Feliden, also der katzenartigen Raubtiere. Uns gibt's schon ewig.

Vor circa viertausend Jahren waren wir schon die Lieblingstiere der Ägypter. Manche von uns hatten da sogar göttlichen Status. Sie blickt mich majestätisch an. Tja, man brauchte uns auch und vor allem wegen der Mäuse in den Kornspeichern. Denn das Getreide von den fruchtbaren Feldern am Nil war sozusagen Gold wert. Herrliche Zeiten waren das, schwärmt sie seufzend.

Na ja, dann sind wir zum Beispiel über die Seereisen des Odysseus auch ins antike Griechenland gekommen. Die Griechen konnten uns aber leider nicht so gut leiden. Wollten lieber ihre Frettchen und Schlangen gegen die Mäuseplage behalten. Sie zuckte die schmalen Schultern – selbst dran schuld. – Schließlich hat uns dann der Römer Cäsar auf seinen Eroberungszügen entdeckt, auf Kreta, glaub ich. Und so ging's dann nach Rom. Und von dort schließlich mit den Legionären gen Norden, zu den Germanen und Teutonen. Tja, ist nun auch schon paar Tausend Jahre her, das alles. Tempus fugit, wie der Lateiner spricht – die Zeit rast.

Mir hat's erst mal die Sprache verschlagen. Was hier grade abgeht gibt's ja gar nicht. Hm, oder vielleicht doch?

Madame versteckt sich unvermittelt hinter einem dünnen Pflanzenstängel: Huhu! Wo bin ich?

Höre, du Liebe, so dünn wie das Pflänzchenstängelchen ist, hinter dem du dich versteckst – man sieht dich in voller Schönheit und Eleganz.

Mist, murmelt sie vor sich hin. Ok, war ja auch nur ein Versuch, dich aufzumuntern.

Das is' aber lieb, sage ich grinsend und stütze mich ermattet auf meinen Laubbesen. Das Girl schafft mich mit seinen Visionen.

Ich fange mich wieder und sage: Okay, Fräulein Schlaumeier, mal wieder zur Sache. Das lernt ihr alles im Geschichtsunterricht? Ist alles über Tausende Generationen weitergegeben? Mich würd's ja nun nicht mehr wundern, wenn Ihr auch ein Internet voll mit dem ganzen Wissen hättet.

In ihren Augen ist tiefes Mitleid. Mein Gott, Internet – mein Herr! – wir haben unser Internet im Kopf, im Herzen, in den Sinnen. Schon vergessen? Wir sind mit den höheren Sphären verbunden.

Okay, räume ich kleinlaut ein, das können wir jetzt mal so stehen lassen. Übrigens wird bei uns in entsprechenden esoterischen Kreisen auch schon lange versucht, in diese Bereiche vorzudringen. Klappt bei den meisten aber noch längst nicht.

Jaja – die Menschen brauchten immer schon sooo lange, um zu den wahren Dingen vorzustoßen.

Ich halte mich lieber zurück. In diese Diskussion steige ich jetzt nicht ein; nicht mit einer kleinen Katze.

Sie sieht mich lange mit traurigem Blick an.

Dann meint sie: Du bist zwar auch für Menschenverhältnisse schon in einem, sagen wir mal, gereifteren Alter. Aber so einen wie Dich hätte ich gerne zum Freund und Gefährten für mein Leben. Da wüsste ich wenigstens, dass wir zusammen weiterkommen könnten. Spricht's und schmust sich schnurrend einmal genüsslich rund um meine Beine.

Hä, was redet sie da?!? Zusammen weiterkommen? Katze und Mensch? Okay, ich merke schon, es oszilliert, es flirrt hin und her zwischen unserer Realität, der der Katzenwelt und den höheren Sphären ...

Ich sage: Ja, also, ähm, da Du einerseits hier auf leisen Pfoten offensichtlich schuleschwänzenderweise umherschleichst und ich dich selten zu Gesicht kriege, und weil ich andererseits in meiner irdenen Welt das Leben durchschreite, scheint es etwas kompliziert zu werden mit unserer Freundschaft. Aber im Prinzip: Wär' toll, wenn wir es wahrmachen könnten.

Das lass nur meine Sorge sein, mein Lieber, flötet sie. Ich finde Dich, wann immer ich es möchte.

Seufz, manchmal ist es schade, dass wir Menschen nicht auch (oder nicht mehr?) über diese Verbindung in andere Dimensionen verfügen. Obwohl – nun ja. Wenn ich an den Park in St. Ludwig denke und nun das hier ...

In mir grummelt es: Alles esoterisches Geschwurbel. Hört endlich auf damit!

Ein schneller Blick von ihr nach hinten durch den Zaun. Oh, mein Papa ruft! Es gibt Abendessen, hm, zwei leckere Mäuschen.

Tja – also, ich muss dann mal. Man sieht sich! Und weg ist sie.

Puh, das war ja nun wieder was. Muss ich gleich aufschreiben ...

Gedichte

Zum Geburtstag

Hat man Geburtstag, denkt man sich so allerlei,
lässt all die Jahre mal Revue passieren
und fragt, ob dieses oder jenes besser als das andre sei.
Für manches möchte man sich auch genieren.
Doch auf der andren Seite dann, im Nachhinein,
kommt's oft auf die Erkenntnis raus:
Das musste alles ganz genauso sein;
es wär' ein Fehler, striche man nur eines aus!
Denn, was die Doppel-Helix bei der Genstruktur
– durch diese legt sich auch Charakter an –
das sind die Jahre für des Lebens Schnur:
auf jedes einzelne kommt's wirklich an!
Es wäre int'ressant zu wissen, was passierte,
wenn einer, der die Möglichkeit bekäme,
sowohl die Jahre wie die Gene aussortierte.
Ob dann das alles eine andre Wendung nähme?
Die Frage ist rein hypothetisch.
Wer will, bemüht Philosophie.
Der Eine sieht's total poetisch,
der andere kapiert die Sache nie.
Mir, so für meinen Teil, ist jedoch völlig klar,
dass für die Schnur des Menschenlebens
ganz sicher wichtig ist ein jedes Jahr
und keins davon hast Du gelebt vergebens.
Drum ein Hurra aufs Neue, das Du heut beginnst!
Es wird Dir viel von allem geben.

Doch wie's auch kommt: ganz klar, dass Du gewinnst –
und sei's nur mehr Erfahrung für Dein Leben!
Von ganzem Herzen Glück und Spaß,
die ganze Skala der Gefühle,
und vom Humor ein ganzes Fass,
auf dass der Kopf bleibt kühle!
Drei Rudel Freunde wünsch' ich Dir,
von allem nur das Beste,
zum Schluss an dieser Stelle hier
zu Deinem Wiegenfeste!

tschüss

eine warme kräftige stimme dunkel und
doch so unwirklich schön wie aus der
anderen wirklichkeit strömt aus dem
hörer in die sinne wohlig dehnst
du dich in im warmen hauch
vergeht alle last
du löst dich
im dunklen
klange
ganz
auf

und spürst nur noch süße schwere

(Was das war?
Du hast nachts ein Stündchen
mit i h r   telefoniert!)

Du

Du kamst in mein Leben,
und es war wie im Roman.
Für einen Moment
war es eine schöne Geschichte.
Und jetzt
ist es ein wahrer Traum.

Gedanken an die Stunden mit Dir

In Deinem Kuss versinken,
dann auftauchen
und von einer Welle der Leidenschaft
an den Strand der Zärtlichkeit gespült werden,
dort die Seele in den Sonnenstrahlen
Deiner Liebe wärmen –
schließlich vom Gipfel in den Wolken
sanft und sacht
ins Tal der Wirklichkeit hinabgleiten ...

Abschied

Es war bitterkalt und an den Bäumen sowie Blüten liefen die Tropfen des Regens entlang.

Der intensive Duft von den Rosen war weg, sie ließen unter der Schwere des Regens die Köpfe hängen, den anderen Blumen ging es nicht besser.

Die Wiese war plattgetreten und hier und dort bildeten sich auch Pfützen. An den Bäumen sah man auch den Wetterumschwung, denn das Laub, was unter ihnen lag, türmte sich bergeweise auf. Die Schönheit des Sommers war dahin, es sah alles trostlos und zum Weinen aus.

Da stand ich nun, mitten im Regen, und schaute mich um. Die Bäume ließen die Blätter fallen und die Rosen gaben ihren wunderbaren Duft des Sommers nicht mehr ab. Dem Wetter zum Trotz ließen sie die Köpfe unter der Last des Wassers hängen. Dies sah man auch an den Blüten auf dem Boden. Ich hasste dieses Wetter, es machte einen so traurig, wenn man sah, wie der Sommer nun endlich ging. Aber auch so passten das Wetter und diese Umgebung zu meiner Stimmung. Vor fünf Jahren lernte ich hier Jens kennen. Jeden Jahrestag verbrachten wir hier an unserem Ort. Im Sommer blühte überall Gänseblümchen auf der Wiese und die Rosen dufteten um die Wette. Die Bäume strahlten in ihrer ganzen Pracht um die Wette mit der Sonne. Das werde ich wohl nicht mehr erleben, ich konnte und wollte die Tränen auch nicht mehr zurückhalten. Es tat so weh, was geschehen war. Ich dachte daran, was eben geschehen war: Jens hatte mir mitgeteilt, dass alles vorbei sei. Er würde umziehen und eine Fernbeziehung käme für ihn nicht infrage. Kein

Versuch, es zu probieren oder irgendein Wort der Enttäuschung, nein, er war in dem Moment knallhart. Ich versuchte eine Lösung zu finden, doch nicht mal das Angebot, dass ich mit ihm kommen könnte, interessierte ihn. Ich fragte mich, ob er mich je geliebt hat? Einfach so fünf Jahre wegschmeißen, von jetzt auf gleich. Ich merkte, wie mir die Tränen liefen und genau in dem Moment fing es an zu regnen. Als ob es nicht kalt genug wäre, nein, die Nässe, die jetzt in meine Klamotten zog, ließ mich noch mehr frieren, aber es war mir egal. Leiden, einfach nur leiden wollte ich, ohne dass mich jemand mitleidig anschaute, oder mich zu trösten versuchte. Nein das wollte ich nicht, ich wollte hier, wo alles angefangen hat, auch alles beenden. Der Regen wurde schlimmer, es waren mittlerweile gefühlte Bäche, die runterkamen. Meine Füße versanken immer mehr in der Wiese und bildeten Pfützen. Ich stand mittendrin und weinte, bis ich nicht mehr weinen konnte. Als der Regen aufhörte, liefen kleine Wassergerinnsel von den Blättern und Blüten, die noch nicht abgefallen waren. Sogar die Sonne zeigte sich einen Moment. Ich sog die Luft tief ein und stieß sie wieder aus. Dann trocknete ich mein Gesicht und schwor mir, dass es jetzt gut sei mit dem Geheule. Ich war bereit, ein neues Leben zu beginnen. Eins ohne Jens. Als ich ging, drehte ich mich noch mal um und betrachtete den jetzt trostlosen Ort. Es war, als ob ihm jemand oder irgendwas die Lebensenergie entzogen hätte. Diesen Ort würde ich nie wieder aufsuchen. Das schwor ich mir, denn er erinnerte mich an etwas, das vorbei war und ich wollte nach vorne sehen. Auf Wiedersehen, mach es gut, sagte ich, als ich ging. Ich fühlte mich leichter, als ob ich meine Last dort an diesem Ort gelassen hätte.

Szene aus dem Roman „Liebe und Glück auf Umwegen"

Alte Liebe neu entflammt

Wieso starren mich alle so an, als ob ich ein Alien wäre?

Wieder mal hat Brad mich enttäuscht.

Wie konnte ich nur ein zweites Mal so auf ihn reinfallen?

Ich bin so eine blöde Gans. Ich muss hier raus, in den Garten, die Kühle der Nachtluft wird mir guttun.

Und nun, was soll ich tun?

Mein Herz fühlt sich an, als wäre es wie ein Glas, in tausend Teile zersprungen. Weinen wie ein Wasserfall, das könnte ich, doch der kühle Wind trägt sie hinfort und ich sähe aus, so rot wie ein Krebs um die Augen. Nun sitze ich hier in einem schönen Kleid mitten in dieser Blumenwiese, die alle um die Wette erblühen und ich als Verwelkte dazwischen. Die schöne Außenhülle hilft mir auch nicht mehr, innerlich bin ich wie ein fauler Apfel und so leer wie eine Höhle in den Bergen. So viel Schokolade kann ich gar nicht essen oder trinken, dass dieser Schmerz vergeht. Einen Dolch hat er in mich gebohrt und ich dachte, er liebt mich wirklich, dabei war ich wieder nur ein Zeitvertreib. Er lacht sich doch jetzt mit seiner Sammy über mich kaputt, wie naiv ich war.

Lina, die dumme Kuh, muh sollte ich machen.

Wieso tut es nur wieder so weh?

Das hatte ich doch alles schon, ich müsste doch abgestumpft sein, wieso lässt mich das Ganze nicht kalt wie ein Stein?

Wieso tut es nur so weh?

Mein Herz dürfte doch gar nicht mehr da sein, allein schon wegen dem letzten Mal, als er mich so sehr verletzt hat. Da oben wäre ich gerne im Himmel bei den Sternen, es wirkt so ruhig und wie die Sterne mit dem Mond um die Wette leuchten, es sieht wunderschön aus. Dort oben gibt es niemanden, der mich verletzen kann. Diesen Wunsch würde mir aber niemand erfüllen, ich sitze hier unten in der Kälte und der trostlosen Situation fest wie ein Tier im Käfig. Ich muss einen Weg finden, hier rauszukommen.

Soll ich wieder verschwinden?

Oder diesmal aufstehen und ihm sagen, was für ein widerlicher Kerl er ist, dass er mir nie mehr unter die Augen treten soll, sonst kratze ich sie ihm aus, wie eine Katze mit meinen Krallen?

Was soll ich nur tun?

Kann mir niemand helfen?

Nein, das muss ich allein tun, komm schon, Lina, steh auf und kämpfe, sei endlich mal mutig. Lass das Feuer in dir brennen, was dich zu einer starken Frau macht. Du bist kein kleines Kind mehr, was weinend zu Mama laufen kann, Kämpfe deine Kämpfe endlich aus. Kein Verstecken oder Geheule mehr, los, lass es brennen, das Feuer in dir, du schaffst das.

Gedichte

Weisheit

Nütze nur das Wissen
Das du beleben kannst
Lies nur so viel
Wie du Seele hast
So hängt dein Wirken
Nicht von der Menge des Gelesenen ab
Nicht von der Anzahl des Gewussten
Sondern von deiner Lebendigkeit und Lebenskraft
Von der Größe deiner Seele
Von der Macht deines Geistes
Wo sie nicht sind, ist Wissen tot
Ist keine Weisheit in ihm

Niederschrift

Längst vergangene Weisheit
Schlägt sich oft als Wissen nieder
Doch, kehrt es uns als solches wieder
Hat es der magisch tiefen Kräfte eingebüßt
Denn legen wir gehabte Erfahrung schriftlich nieder
Hat uns schon neuer Horizont gegrüßt
Der Augenblick, dermaßen soll verweilen
Indem wir ihn zu Buchstaben gegossen
Ist stets begriffen, uns davonzueilen
Keiner hat ihn je ganz und gar erschlossen
Doch Ort und Zeit, worin die Weisheit lebt
Ist stets im Fluss, drum soll auch fließen,
Wer nach Weisheit strebt!

Computergeliebter

Neulich hat sich mein Computer in mich verliebt,
Bis über alle Prozessoren.
So sehr, dass sich fast die Festplatte biegt
Viel Information ging verloren!
Wie kommt er denn auf mich
Ich bin doch ganz gewöhnlich!
Zwar ist er dort auf dem Tisch
Nur für mich ganz persönlich
Zur Begrüßung jedes Mal
Flötet er gar lieblich Töne
Doch es ist mir ganz egal
Hauptsache, er arbeitet gut, der Schöne
Doch als er plötzlich erkannt,
Dass er mir ganz egal
Die tollsten Dinge sich erfand
Die Arbeit wurde zur Qual
Die Maus war dauernd blockiert
Er stürzte ständig ab
Ich war total schockiert
Und sah ihn schon im Grab!
Als ich dann endlich sah,
Dass ich doch an ihm hing
Wurde sein Bildschirm hell und klar
Seine Software sich wieder fing
Nun leben wir zusammen in Frieden
Beide als Kinder des Elektron
Der eine tut's aus Liebe,
Der andre aus Raison!

Wort-Skalpell

Ohne Blut schneiden meine Worte
Tief ins Fleisch, tiefer noch ins Herz,
Noch tiefer in die Seele,
Auf dass der Geist einfließe!
Die Sprechstunde ist der OP der Worte!
Und spricht auch der Maurer mit den Steinen,
So weiß das Messer doch nicht,
Den Arzt zum Reden zu bringen!
Schon Jahre her, dass ein Messer
Brillant seine Arbeit tat,
Und doch wagt der Patient zu kränkeln,
Blieb das Herz unberührt,
Die Seele im Verband, der Geist in Narkose!
Wollen wir immer noch glauben: Dass die Technik heilt?
Dass die Körper ohne Seele und Geist gesunden?
Dass Menschen aller Kulturen gleichartig heilen?
Dass es neben dem Messer nicht der Liebe bedarf?
Noch eh du an Operation denkst,
Hast du schon mit Worten verletzt!
Noch lange nach der letzten Naht
Hast du versäumt mit Worten die Wunden zu schließen!
Wie hast du dich genannt?
Worte sind ausgeatmeter Geist,
Wasser der Seele,
Anfang und Ende jeder Heilung,
Und finden ohne jede Ursache
Den Sinn der Krankheit!
Wer nicht zu sprechen gelernt hat
Zu Seele und Geist,
Wird den Körper und das Herz nicht berühren,
Kennt nicht das Leben und den Tod
Und soll sich nicht Arzt nennen!

Aus Panikdemien

Ein Virus geht um in Europa – und in der Welt,
Virologen-Machtergreifung droht allerorten,
Die Städte sind menschenleer,
Krankenhäuser stehen gelähmt Spalier.
Tsunamierwartungs-Stille.
Vernunft ist in Quarantäne,
Koste-es-was-es-wolle-Krieg liegt in der Luft.
Wirtschaft, ja die Börsen sind fassungslos überrumpelt,
mit fetten Abfindungen gemästet bis zum Schweigen,
Wissenschaft dreht Firlefanz-Pirouetten
hoch in die viren-verpestete Luft. Straßen werden desinfiziert.
Es tobt ein demokratie-tötender Kampf
um die Informations-Lufthoheit.
Politik wendet seine Schweinereien ins' eigene Land.
Verstorbene werden stündlich
von Amts wegen statistisch gewürdigt,
Infektionsverdächtige werden von der Polizei überwacht,
Atemschutzmasken werden rationiert.
Alte Menschen werden in Heimen in den Tod gestresst.
Handys werden zu Hirnfesseln, Gedanken
werden kriminalisiert, Gefühle werden geblendet und Worte,
Begriffe und Zahlendeutungen werden manipuliert.
Gott wurde in die Isolierung geschickt,
die Kirchen haben die Überwachung übernommen.
Es gibt kein Ende nach unten
in den Selbstmord der Demokratie und der Freiheit!
Wir sehen die Irrationalität des Rationalen: den Homo-Virulenz.

Mit Josefel im Heiligen Land
aus „Wahre Kurzgeschichten" von Hans Günther Schimpf

Israel, ein Land zwischen Libanon, Syrien, Jordanien, Ägypten, Gazastreifen, Westjordanland – geprägt von nie endenden Konflikten.

Ich wollte dieses Land, seine Schönheit, seine Menschen, oft schön wie das Land, und ich wollte die Heiligen Stätten erleben. Wenn man sich entschieden hat, wenn die großen Erwartungen im Kopf alles besetzt haben, spielen die möglichen kriegerischen Ereignisse keine Rolle mehr.

Eine Möglichkeit des Hinkommens sind die Pilgerreisen des Franziskanerordens, die auch vom Kommissariat des Ordens von Wien aus veranstaltet werden.

Die Franziskaner haben den vatikanischen Auftrag, sich um die Christen in Israel zu kümmern. Darum haben sie in allen Gebieten Palästinas gute Beziehungen und sind über die jeweilig eventuellen Konfliktsituationen stets gut informiert.

Diese Geschichte handelt nicht von einer Pilgerreise im Ganzen – das wäre als Kurzgeschichte auch nicht möglich. – Meine Geschichte beschreibt das Zusammensein in dieser Zeit mit einem Menschen, das mich eigentlich erst im Nachhinein gedanklich so beschäftigt hat, dass ich es aufschreiben musste.

～

Bei unserer ersten Hotelankunft nahe Tiberias am See Genezareth – mit dem Bus, der uns am Airport Ben Gurion bei Tel Aviv abgeholt hatte – wurden die Alleinreisenden auf Doppelzimmer verteilt. Es waren nur wenige. Das Kriterium unserer Schlafpartnerschaft war das ziemlich gleiche Alter – wir waren beide in der ersten Hälfte der Siebziger und mit der Wahl einverstanden.

Zuerst regelten wir die Form der Anrede. Der gut gekleidete Partner war Bürgermeister eines kleinen Ortes in der Steiermark und seine Freundin nannte ihn Josefel. Ich durfte dieses Kosewort übernehmen. Wir duzten uns. Da ich im Gegensatz zu Josef sportlicher gekleidet war, kam ich mir von der ersten Minute an ein ganzes Stück jünger vor. Das prägte unser Beisammensein.

Beim Auspacken stellte Josef einen Wasserkocher auf den Tisch. Auf meinen verwirrten Blick hin erklärte er: „Zu Hause bekomme ich jeden Morgen um vier Uhr die Zeitung. Ich koche mir dann Kaffee und lese. Hast du etwas dagegen, wenn ich ...?"

Auf keinen Fall wollte ich die gute Atmosphäre zwischen uns gefährden. Wir einigten uns auf fünf Uhr.

~

Das Hotel, direkt am See gelegen, erinnerte mich an die kleinen, familiären Hotels an der süditalienischen Riviera in früheren Zeiten. Es waren sogar deutsche Urlaubstouristen da. Die nahmen uns am ersten Abend zu einer besonderen Attraktion an anderer Stelle des Sees mit.

Vom Ufer aus sahen wir in etwa 70 bis 80 Meter Entfernung auf dem Wasser einen Film über die Geschichte Israels. Nicht auf einer Leinwand – auf einer Wasserwand, welche die Geschichtsstationen Israels leicht undeutlich wiedergaben – so undeutlich, wie sie für uns ja auch waren. Untermalt von einer den Geschehnissen angepassten israelischen Musik – mal klassisch, mal historisch oder auch modern. Es war eine berührende Stimmung.

Josef, der seit dem Hotel neben mir war, fasste mich an. Ich glaubte, er wollte jetzt nicht allein sein. Ich glaubte auch, dass er still weinte. Danach auf dem Heimweg hat er nicht darüber gesprochen.

~

Die Heiligen Stätten – Grabeskirche, Golgatha, Geburtskirche in Bethlehem, der Garten Gezemane, Berg der Seligpreisung und noch vieles mehr –waren für uns die Bestätigung unseres Glaubens. Wenn ich den Erklärungen der franziskanischen Ordensbrüder nicht schnell genug folgen konnte, war Josef da und gab sich viel Mühe, mir die Bedeutung der Orte zu beschreiben. Aber sonst verhielt er sich zurückhaltend. Man hielt ihn für einen Sonderling mit Kontaktproblemen, wenn er sich zum Beispiel nach dem abendlichen Mahl als Erster am Tisch verabschiedete: „Ich gehe schon mal duschen."

Er war aber kein Sonderling, er wollte mir in der abendlichen Schlafvorbereitung nur nicht im Weg stehen und er musste ja auch früher aufstehen. Unsere Einschlaf-Zeremonie war immer die gleiche. Wenn ich später das Zimmer betrat, lag Josefel mit wie zum Gebet gefalteten Händen und geschlossenen Augen auf seinem Bett. Jedes Mal fragte ich: „Josefel, lebst du noch?" Auch seine Antwort war immer die gleiche: „Ich habe gebetet, dass du am Abend rechtzeitig dem Alkohol entsagst."

~

Er kochte jeden Morgen zur vereinbarten Zeit seinen Kaffee, obwohl die Ursache – eine Zeitung – doch gar nicht gegeben war. Der Vorteil für mich war ein freies Badezimmer um 7.00 Uhr. Das garantierte unsere stete Pünktlichkeit zum morgendlichen Frühstück.

Bis auf eine Ausnahme. Für den Besuch der Jordan-Quellen sollte morgens eine Stunde früher gestartet werden, damit unser Bus auf dem Parkplatz zur Quelle noch einen Platz bekam. Josef hätte somit schon um vier Uhr Kaffee kochen müssen.

Das unterließ er aber, sodass wir in unserer morgendlichen Routine einen leeren Frühstücksraum vorfanden. Alle saßen schon im Bus. Mich hat das wie ein Blitz getroffen – ein Tag ohne Frühstück – undenkbar. Josefel war zumindest schon kaffeegesättigt und hatte hellwach ein Körbchen mit Croissants vom Tisch an sich genommen. Während die anderen im Bus das Morgengebet murmelten, kauten wir mit vollen Backen das Körbchen leer.

~

Wir waren abends in Jerusalem angekommen. In den letzten Minuten der Fahrt hatten wir in der Abenddämmerung einen unvergesslichen Blick über die Stadt. Im Bus war eine totale Stille. Jerusalem war Wirklichkeit. Jerusalem war viel mehr als eine Stadt.

Es war der erste Abend, an dem Josef auf seine frühe Bettruhe verzichtete. Unser palastartiges Hotel lag zentral, was uns zu einem späten Rundgang bewog. Da war reges Leben auf den Straßen und Plätzen. Während wir uns an einer Mauer ausruhten, fielen mir junge Männer auf, die mit schwarzen Mänteln und schwarzen steifen Hüten, unter denen lange Schläfenlocken herunterbaumelten, teils mit Kindern an der Hand, aus einer dunklen Siedlung – der Altstadt – heraus- oder in sie hineinhetzten. Ohne Zweifel, junge orthodoxe Juden.

Auf dem Platz selbst waren junge Israelis, männlich und weiblich, die sich bis auf die Hautfarbe und den dichten Haarwuchs kaum von unserer Jugend unterscheiden ließen. Sie redeten und lachten viel.

Josef wippte unruhig mit den Füßen. Ich fragte, ob wir besser weitergehen sollten.

„Ich möchte gern noch einen Besuch machen. Allein habe ich nicht den Mut dazu."

„Josefel, kennst du hier jemanden?", war meine ungläubige Reaktion.

„Ich möchte ihn sehr gern kennenlernen", antwortete er mit unsicherem Blick.

Er zeigte mir einen Zettel mit einer Wegbeschreibung, Hausnummer und Name, als er sagte: „Schon einmal, vor zwei Jahren, habe ich allein hier gestanden und es nicht gewagt. Aber, als ich dich kennenlernte, wurde ich mir immer sicherer, dass du mir beistehst."

Aus Sympathie, aus Mitleid, aber auch aus ein wenig Neugierde sagte ich zu.

Das Haus lag in der dunklen Siedlung. Am Eingang war ein Schild angebracht, mit der Empfehlung, Touristen sollten dieses Quartier besser meiden.

Wir gingen weiter. Ich erinnere mich an Reihen gleichartiger Häuser. Die Dunkelheit nahm zu. Die Laternen konnten nicht viel ausleuchten. Hinter uns schlug eine Haustür zu.

Zwischen zwei Häusern stand ein großer schwarzer Hund. Es roch nach scharfen Gewürzen. Die Situation war gewiss nichts für Angsthasen, als Josef in festem Ton verkündete: „Hier ist es."

Es dauerte einige Minuten, bis die Tür geöffnet wurde. Ein kleiner, hagerer Mann etwa in unserem Alter blickte zuerst missmutig, wohl wegen der späten Störung. Josef nannte seines Vaters Namen und sagte: „I am his son." Der hagere Mann schien seine Fassung zu verlieren. Er ging auf ihn zu, um bei ihm Halt zu finden. Sie umarmten sich. Ich hörte den Hageren sagen: „Your father saved my life in a very dangerous time."

Als sie mir zuwinkten, mit ins Haus zu kommen, lehnte ich ab: „Ich möchte euch allein lassen. Ich gehe zurück und sage dem Nachtportier Bescheid, dass du später kommst."

Ein Sohn des hageren Mannes begleitete mich bis zu dem belebten Platz.

~

Als Josef zurückkam und versuchte die Zimmertür leise zu öffnen, war es beinahe drei Uhr morgens. Man sah es ihm an, dass er bewegte Stunden hinter sich hatte. Er sagte: „Es war eine Nacht, die mir so viel bedeutete wie noch keine andere zuvor."

Eigentlich hätte ich gern weitergeschlafen. Doch ich merkte, er musste vieles loswerden.

Zuerst kochte er Kaffee. Wir saßen in Sporthosen auf seinem Bett, jonglierten die gut gefüllten Tassen zum Nachttisch, um danach einige Male genussvoll daraus zu schlürfen. Es war schon eine halbe Stunde später, als er anfing zu reden. Er war total wach.

„Während des Krieges an der Ostfront wohnten wir zuerst in Landsberg an der Warthe. Wir sind dann mehrmals umgezogen. Mein Vater war in Internierungslagern beschäftigt.

Am Schluss wohnten wir in Polen, in Lodz, in einem ehemaligen Hotel mit mehreren deutschen Familien zusammen.

Dort in der Nähe war er Kommandant eines Jugendlagers. Es waren ältere Kinder, die von ihren Eltern getrennt worden sind. Die meisten kamen aus Polen und Tschechien. Wie er später erzählte, wurden sie gut behandelt, denn sie mussten viel arbeiten und das Lager wurde kaum kontrolliert."

Josef versorgte uns mit neuem Kaffee, während ich die Sitzverhältnisse im Bett verbesserte. Er musste sich jetzt beeilen, denn seine Duschzeit rückte näher.

Während er den noch heißen Kaffee servierte, erzählte er weiter: „Mein Vater war ein gutmütiger Mensch. Er hat mich nie bestraft, obwohl ich einiges angestellt habe. Er hat stattdessen immer mit mir geredet und hat mich damit auch jedes Mal einsichtig gemacht.

Die Kinder im Lager haben die gute Behandlung mit ordentlichem Verhalten erwidert. Trotzdem haben einige die Trennung von ihren Eltern und die Ungewissheit über deren Verbleib nicht verkraftet.

Mein Vater hat für diese Kinder mithilfe eines polnischen Aufsehers eine nächtliche Freilassung in eine polnisch, kirchliche Gruppe organisiert.

Fragenden Kindern hat er erklärt, sie seien in das Hauptlager zurückgebracht worden, weil sie es so wollten. Joshua, mit dem ich heute Nacht zusammen war, gehörte dazu.

Er hat seine Eltern und eine ältere Schwester bei Ankunft im Hauptlager verloren."

Nach einer längeren Pause sah er mich an und sagte leise, als würden wir belauscht:

„Diese Lüge meines Vaters war ein großer Fehler.

Als die russische Armee die polnischen Gebiete zurückerobert und die Internierungslager befreit hatten, wurde er nur kurz verhaftet. Erst Monate später wurde er nochmals abgeholt und dann in ein Arbeitslager gebracht. Wir haben ihn nie wiedergesehen. Er soll sich dort das Leben genommen haben."

Wieder eine längere Pause. Josef hat das Licht ausgeschaltet, weil er so besser nachdenken könne. Ich nutzte die Dunkelheit, um meine Meinung zu seinem Erzählten loszuwerden:

„Ich bin sehr beeindruckt, dass dich noch nach 60 Jahren das Schicksal deines Vaters so beschäftigt. Du musst ihn sehr geliebt und geschätzt haben. Aber begehst du nicht den Fehler, ihn den vielen anderen, die große Schuld auf sich geladen haben, gleichzustellen?

Er war wahrscheinlich in dieser Zeit, der sogenannten Säuberung, einer der wenigen Retter menschlichen Lebens – unter Einsatz seines eigenen. Er war in dieser Zeit ein Held. Und du kannst – nein du musst – sehr stolz auf deinen Vater sein. Du musst ihm ein Helden-Denkmal setzen, in natura oder auch nur in deinem Kopf. Dann wirst du nicht mehr um ihn weinen. Du wirst nur noch stolz auf ihn sein."

Es war still im Raum. Die Bogenlampen von draußen hatten ihn wieder heller gemacht.

Ich wartete auf seine Reaktion. Vielleicht schlief er schon, er hatte in dieser Nacht viel erlebt.

„Ich werde ihm ein Denkmal bauen. Und du wirst es einweihen." – Wir waren beide sehr gerührt. Es war Ausdruck einer gefundenen, tiefen Freundschaft. „Lass uns jetzt schlafen, ich möchte diese Nacht beim Dahinschlummern nochmals durchleben."

~

Die letzten Tage waren Ausflüge in Richtung der Golanhöhen, nach Nazareth und südlich am Jordan entlang, der die Grenze zu Jordanien bildet, zum Toten Meer.

Unser Verhältnis war nach Jerusalem ein anderes. Nichts Fremdes war mehr zwischen uns.

Wir waren wie Brüder. Ich nannte Josef „Bruderherz", was er mit „Brüderchen" quittierte.

Unser fast familiäres Verhältnis wurde nochmals beeindruckend deutlich, als „Bruderherz" nach dem Flug von Tel Aviv nach Wien mich fragte, ob ich ihm bei der Suche des Terminals nach Graz behilflich sein könnte. Ich unterdrückte jede Verwunderung über seine Unsicherheit. Die dann folgende Verabschiedung war so ernst und wahrhaftig, dass eine weitere, enge Verbindung ganz ohne Zweifel war.

Auf meinem Rückflug am nächsten Tag nach Hannover skizzierte ich einen Vortrag zur Einweihung eines Denkmals in dem kleinen Ort nahe Graz.

Ende

Warten, bitte warten!

Bei Ihrer Vorgeschichte muss man schon genau schauen, wir sind ja mit den Experten in Innsbruck in Verbindung. Eine Herz-OP ist ja nicht ohne, gell. Das Blut kommt jetzt ins Labor, Schmerzen haben Sie jetzt keine. Oder? Ah, so im Brustbereich und vor allem am Rücken, der Grund, weshalb der Arzt Sie mit der Rettung zu uns geschickt hat. Wir machen dann ein CT, dann sehen wir weiter, sagt der Mann im weißen Mantel, der auf seinem Schild an der Außentasche Dr. Holz und irgendwie heißt. Den ganzen Namen kann ich nicht lesen. Ich liege im Aufnahmeraum im Krankenhaus und schließe die Augen.

Aufstehen, sagt mein Großvater. Es ist stockfinster, nur in der Küche brennt ein Licht, meine Großmutter mahlt die Kaffeebohnen in einer alten Kaffeemühle und schüttet dann die gemahlenen Bohnen in einen Topf mit heißem Wasser, der auf dem Herd steht und wartet, bis er aufschäumt. Mein Großvater ist schon angezogen und „fascht" seine Füße mit Tüchern ein, bevor er sie in feste Bergschuhe hineinzwängt. Da setz Dich her und iss was, sagt er und reicht mir eine klebrige schwarze Masse und eine Schale Milch. Hadensterz ist gesund. Er macht mir vor, wie man das isst, nimmt ein großes Stück der klebrigen Masse, schüttet den Kaffee drüber und verrührt das Ganze.

Wir haben heute einiges vor. Bis in die Papratniza ist es weit, einen Tag werden wir schon unterwegs sein.

Die graue Masse vor mir schmeckt mir gar nicht, ich trinke die Milch. Ich weiß, dass er am Fuße des Radsbergs ein Stück

Wald besitzt, aus dem immer wieder Holz gestohlen wird. Man muss immer wieder vorbeischauen, sonst werden die übermütig. Er steht an der Tür und wartet auf mich.

∾

Herr Doktor, fragt eine Frauenstimme, was für ein Doktor sind Sie denn eigentlich?

Schneller als ich antworten kann fragt sie mich nach meinem Geburtsdatum, damit ich nicht von jemandem Falschen das Blut abnehme.

25. 8.1954, sage ich und dann: Wirtschaft.

Muss interessant sein, sagt das junge Mädchen, auf dessen Schild DGKP steht.

Ich frage, was das heißt.

Diplomierte Gesundheits- und Krankenpflege erfahre ich und sehe eine Frau Dr., die neben ihr steht, wie sie mir einen Venenzugang legt und Blut abzapft.

Das schicken wir jetzt ins Labor.

Schmerzen haben Sie keine?, fragt die junge Frau Dr., deren Namen ich nicht lesen kann.

Doch, sage ich und wiederhole mich, da vorne im Brustbereich und hinten am Rücken.

Aha, sagt sie, so als hätte sie einen Verdacht. Ich werde das mit Peter, also dem Oberarzt durchgehen, die ELGA haben wir ja auch. Wenn er kommt, dann schauen wir uns das gleich an, sagt sie und verschwindet durch eine Schwingtür, die in den anderen Aufnahmeraum führt. Die Tür pendelt mehrmals hin und her, bis sie ganz stillsteht.

∾

Großmutter macht uns Kreuzerln auf die Stirn und sagt Gottes Segen und kommt's wieder gesund heim, dann sie dreht sich um und schließt hinter sich die Tür zu. Mein rüstiger Großvater und ich gehen in die Dunkelheit. Das Gras am Feldweg ist taunass, musst aufpassen, sonst werden deine Füße ganz feucht, sagt er, der vor Nässe keine Scheu hat. Wir gehen einen Feldweg entlang, auf dem sonst Kühe zu ihren Halten getrieben werden. Sie hinterlassen tiefe Abdrücke in der feuchten Erde. Die Bauern vom Dorf treiben ihre Kühe in der Früh auf die Weide und abends wieder zurück in den Stall. Mein Großvater ist wie immer schweigsam, nur beim Überqueren einer Brücke über die Gurk sagt er stolz: Die hat der Hitler gebaut, die Straße und die Brücke da auch. Der Feldweg mündet in eine bessere Schotterstraße, die hinauf nach Mieger führt. Ich freue mich, dass es jetzt leichter zu gehen geht. Ich denke hin und her, wie der Hitler das gemacht hat, in diesem abgelegenen Gebiet eine Brücke zu bauen, war er ein Bauingenieur oder wie?

Mein Großvater begrüßt einen Kleinhäusler, der gerade seine Bäume schneidet. Sie reden Windisch und ich stehe herum und denke über Hitler den Straßenbauer nach. Wieso war der hier, in Südkärnten?

Die Blutprobe ist schon im Labor, wir werden von ihren Bakterien Kulturen züchten, dann kann man sehen, welche Stämme die haben, und auch mit welchen Antibiotika man sie behandeln kann, da weiß man dann auch, woher sie kommen, wo der Infektionsherd ist. Für einen Arzt ist das besonders wichtig, den Infektionsherd zu bestimmen, da kann man dann richtig reagieren, sagt ein begeistert und aufgeregter Arzt. Jetzt heißt es warten.

Mit dem Gefühl, dass es vorangeht, liege ich da im Aufnahmeraum und lese einen an die Wand gehefteten Anschlag.

„Da die Krankenkassen zusammengelegt werden, kommt es zu längeren Wartezeiten."

Ich frage mich, warum der Warteraum nicht „Zeitverkürzungssaal" oder „Begegnungsraum" genannt wird?

∾

Ein Bettnachbar erzählt mir, dass er alles selber gebaut hat, einen Maurer haben wir schon g'habt. Wir haben damals vor 40 Jahren den 1. Stock gebaut, da hat er zu mir gesagt Du Karl, hat er g'sagt, ein 2. Stock würde da aber gut draufpassen. Du spinnst wohl, hab ich g'sagt, aber er hat nicht lockergelassen und gebaut haben wir ihn, den 2. Stock. Und froh bin ich heute; Fremdenzimmer haben wir g'macht, damals vor 40 Jahren. Und weil wir die Pension „Limmat" genannt haben, so heißt der Flurname, haben viele Schweizer gedacht wir sind Schweizer wie sie und haben bei uns gebucht. Limmat heißt ja der Fluss von Zürich.

Schwarz vor den Augen ist mir geworden, drum bin ich hier, es geht mir aber eh schon wieder besser.

Jetzt hat alles meine Tochter, mein Sohn ist beim Motorradfahren ums Leben gekommen, mit einer Guzzi, kennen Sie die, eine italienische Marke, eine teure Marke kostet viel Geld, mein Enkel ist auch tödlich verunglückt, der andere Enkel lernt Mechaniker.

∾

Eine Zahnärztin, die ich vom Studentenheim kenne, fährt über meinen Nasenrücken. Durch die Nase atmen, sagt sie für den Zahnabdruck musst du den Mund offen halten fünf Minuten oder länger, bis er trocken ist, sie streichelt meinen Nasenrücken. Ich habe das in einem Seminar gelernt, sagt sie zu ihrer Assistentin, es beruhigt. Tut gut?, fragt sie mich und ich antworte mit einem Wimpernschlag.

∾

Wir warten draußen, sagt meine Tochter und streichelt meine Hand. Meine Frau steht hinter ihr und lächelt mich an. Ich war gerade beim Zahnarzt und durfte den Mund nicht zumachen, bis die Kunstmasse getrocknet ist wegen einer Brücke, sage ich.

Das ist aber schon ganz veraltet, heute macht man das mit einem 3 D-Drucker und dem Computer, das geht ganz schnell.

Ja, aber damals war das anders.

Wir müssen wieder rausgehen, ein fester Händedruck und weg sind sie, um bei der Tür sich nochmals umzudrehen.

Der Minutenzeiger der Uhr, die ausschaut wie eine Bahnhofsuhr, bewegt sich langsam von Ziffer zu Ziffer. Ich habe den Eindruck, die Zeit bleibt stehen. Ein leises Tack, Tack höre ich, oder bilde ich es mir nur ein? Ich versuche, mich nicht auf die Bewegung des Zeigers zu konzentrieren.

∾

Großvater trinkt in der Bahnhofsreste ein Bier aus der Flasche, er erzählt, gerade aus dem Krankenhaus entlassen und auf dem Weg ins Altenheim, wie er beim Wasserlassen mit den Händen in der Schüssel nach den kleinen Nierensteinen gesucht und auch gefunden hat. Die Ärzte hätten das nicht gemacht, sagt er stolz.

∾

Sie machen sich gar keine Vorstellungen, wie sich ein Arzt freut, wenn er weiß, woher die Entzündungsherde kommen, wiederholt er sich, der Dr. Holz und noch irgendwie, da weiß man dann wie man dran ist, da kann man richtig reagieren, die nächsten Schritte setzen, die Therapie danach ausrichten, man ist auf dem richtigen Weg und weiß, wohin er führt.

Sie haben die Schmerzen am Rücken und vorne um den Rippenbogen herum, die ganze vordere Bauchgegend? Ja? Das ist genau das Krankenbild, das würde passen, in der Nacht mehr als am Tag? Und schon länger? Das spricht dafür, ich möchte sagen, ist fast schon eindeutig. Sichtlich erleichtert steht Herr Dr. Holz sowieso, neben mir und redet jetzt mit der Schwester." Wir legen jetzt noch einen Venenzugang, damit wir mit der Entzündungsbekämpfung gleich beginnen können. Natürlich werde ich das mit dem Labor abklären, aber der Krankheitsverlauf, so wie Sie ihn schildern, ist so was von eindeutig. Also Sie sagen am oberen Rücken und vorne in Höhe des Zwerchfells?"

Ja, ich nicke. Er: Ich mach das jetzt noch fertig und gehe gleich damit ins Labor, Material zum Untersuchen haben wir ja schon genug; aber sicher ist sicher, da nehmen wir noch frisches und Schwester gehen`s, holen`s die Flasche für den Urin. Ja, das geht ja jetzt ganz gut. Ich geh dann jetzt und komme gleich wieder, dann haben wir es amtlich. Ich konzentriere mich auf meine Schmerzen, die plötzlich nicht mehr so stark sind. Ist es die angesteckte Begeisterung, Vorfreude oder Einbildung? Ich weiß es nicht.

∾

Ich schließe die Augen und sehe schon wieder meinen Großvater vor mir, wie hat er seine Krankheiten gemeistert, über Schmerzen hat er nie geklagt; er war mein Vorbild, weil ich die meiste Freizeit bei ihm verbracht habe.

Im Altenheim, ich sitze neben ihm, er erzählt mir, dass er beim Schwammerlnsuchen mit dem Kopf nach unten im Wald hängen geblieben ist. Hat lange gedauert, bis ich mich da wieder befreit habe, sagt er.

Jetzt weiß ich, dass man an einem Karfreitag nicht in den Wald geht.

∾

Herrgott-Sakra-Kruzitürken nach einmal, höre ich eine Stimme, jetzt warte ich schon eineinhalb Stunden auf den Ärztebrief, jetzt wo meine Tochter mich abholt, die muss ja wieder in die Firma fahr'n.

Herrgott-Sakra, diese ewige Warterei im Krankenhaus. Mir haben'S g'sagt, dass die Ärztin ihn schon geschrieben hat, wo ist er denn nun? Eine Schwester versucht zu beruhigen. Ist ja schon fertig.

Und wo ist jetzt meine Tochter?

∾

Großvater sitzt allein in der Küche und isst seine „Brätlinge", Schwammerl, die seiner Meinung nach besser schmecken als ein Schnitzel. Hast wieder Ärger mit deiner Mutter g'habt?

Ich lächle. Da fahr ich dann schneller mit dem Fahrrad, 35 Minuten hab ich gebraucht von Klagenfurt zu Dir.

Kumm gemma in die Au, schauen wie viel Erden die Gurk weggeschwemmt hat. Sagt er und stopft sich den letzten Bissen von seinem Brätling in den Mund.

∾

Die DGKP-Schwester kommt mit dem Dr. Peter, äh Holz... irgendwie. Hat man schon ein Ergebnis?

Äh, nein, nicht das, was wir geglaubt haben, sagt ein enttäuschter Arzt.

Die Entzündungswerte kommen von woanders her, wir müssen weitersuchen.

Wir legen Sie jetzt auf die Intensivstation, damit wir Sie besser im Blick haben, dann sehen wir weiter, sagt er.

LEIDER hat er zwar nicht gesagt, aber seine Enttäuschung sieht man ihm an.

Nur so ...

Ein Mann muss tun, was ein Mann tun muss! Diesen Spruch nahm er sich so sehr zu Herzen, dass er das Pflanzen eines Baumes, das Zeugen des Sohnes und das Schreiben seines Buches als erledigt betrachtete. Jetzt, als praktizierender Frühruheständler, wäre nun das Haus an der Reihe. Zeit spielt dabei keine große Rolle, wichtiger ist ihm da schon die Perspektive.

Nur so daliegen

Heute liege ich nur so da, auf dem Bauch und starre geradeaus vor mich hin, in die Landschaft, die mir geradewegs in mein Blickfeld geschoben wurde, als ich mich in diese Lage begab. Keine missliche, nein, eine von mir gewollte Lage, um die Aussicht, die sich mir jetzt bietet, aus dieser, einer neueren Perspektive zu betrachten.

Die Landschaft gleicht einer Wüste, einer Steppe trifft es da eher, nur wenige kurze Gräser und noch weniger Grünbewuchs, kein Wasser, außer dem Bach, der im Hintergrund gurgelt, gesäumt von seiner üppigen Uferbewaldung. Wald ist zwar genug da, nicht aber an dem Platz, an dem ich jetzt liege. Tja, der Wald im Hintergrund, das ist schon einmal gut, sinnierte ich, bei einmaligem Umfallen, müsste ich förmlich retourgehen, um mich wieder auf das Grundstück zurückzubewegen.

Ich legte meine Arme gerade und entlang der Hosennaht an die Beine an, um so dem Wesen ein wenig mehr zu gleichen, in das ich mich gerade hineinfühlte und mir gerade vorstellte, wie es auszusehen, einer dicken fetten Kegelrobbe. Der Bartwuchs am Kinn und an der Oberlippe sowie vor allem der Bauch, der im letzten halben Jahr beträchtlich an Umfang zugenommen hatte, infolge der Unerreichbarkeit diverser Rasierutensilien, einer anscheinend mangelhaften Ernährung und sehr eingeschränkter Bewegungsfreiheit, lassen zumindest darauf schließen, einer Kegelrobbe sehr ähnlich zu sehen. Die beiden Augen aufmerksam und wach nach vorne gerichtet, na gut, nur durch einen entsprechend starken Sehbehelf verstärkt, aber immerhin aufmerksam und wach. Die fehlenden Gestelle meiner Randlosbrille hindern mich nicht daran, genau das zu sehen, was für mich jetzt interessant ist.

Die Landschaft ist der eigentliche Grund, warum ich nun so daliege. Die enormen Erdbewegungen, die stattgefunden hatten, haben die Landschaft so gewaltig verändert, dass sie jetzt nicht wiederzuerkennen ist. Die steile Böschung, die dadurch entstanden ist, klar, die muss erst noch mit großen Steinen sorgsam befestigt werden und die gewaltige Fundament-Grundplatte, die darauf liegt, sieht so aus, als würde sie der Araburg als ihre Konkurrenz Paroli bieten wollen.

Unsere Burg wird allerdings aus Holz gebaut und Holz wächst bekanntlich wieder nach. Sehr nachhaltig, wie ich meine und erschreckend wahr, denn in dem Tempo, in dem sie jetzt wächst, könnte man schon eher an die magische Wunderbohnenranke denken. Montag geliefert – Dienstag hochgezogen – Mittwoch Dachstuhl, fertig am Donnerstag, wer weiß, der Donnerstag ist ja auch erst morgen, da liegt die Kegelrobbe vielleicht schon im kühlenden Schatten einer riesigen Wunderbohnenrankenburg! Mal sehen, was noch kommt ...

... aus der Sicht der Kegelrobbe allerdings, wie ich meine, eine eigentlich sehr erfreuliche und zufriedenstellende Perspektive!

Nur so rumfliegen

Ich setzte mich auf, denn der Bauch der Kegelrobbe ist schon seltsam deformiert worden, bei dem Versuch eine werden zu wollen sollte es auch bleiben, dachte ich mir. Zufrieden strich ich mir den Bart zurecht und stellte fest, die Arbeiten am Kamin haben bereits begonnen.

Kurze Kommandos wie: Stein, Kitt, Rohr, Distanzhalter, umdrehen! Kleber, Stein und so weiter, schallten aus dem Inneren der Baustelle. Das geht ja ratzfatz, dachte ich weiter und startete den Versuch aufzustehen, was einem, der Kegelrobbe doch noch zu nahe angeglichenem Menschen nicht unbedingt sofort gelingen will. Die, durch eine Fehlstellung zu Heckflossen ausgestreckten Beine waren jetzt neunzig Grad abgewinkelt eingerastet und bei einem etwas angestrengten Versuch, sie jetzt in gerade Richtung wieder auszustrecken, löste sich die Spannung der Blockade schlagartig und ich schnellte empor, dem am Nachmittagshimmel noch nicht vorhandenen Gestirn entgegen.

Ich tat, was jeder in meiner Situation tun würde, ich ruderte energisch mit den Armen. Der restliche Körper dachte dabei, es wäre die natürlichste Sache der Welt und folgte seinen Gliedmaßen bedingungslos.

Der Falke von nebenan war entsetzt, stieß einen gellenden Schrei aus und flüchtete in den nahen Wald, setzte sich auf einen Tannenwipfel und beäugte interessiert mein weiteres Tun. Na gut, wenn ich schon da bin, sinnierte ich weiter, dann dreh ich gleich noch eine kleine Runde um unser Anwesen, das mit den Armen funktioniert ohnehin schon recht gut.

Schau, schau, das Dach ist schon fertig, stellte ich fest, und während ich darauf zusteuerte, dachte ich noch, was sind denn das für seltsame vier Löchlein beim Firstbalken? Die will ich einmal näher betrachten. Die Ritze-ratze-Geräusche störten zwar nur kurz meine Konzentration, ich wollte aber unbedingt auf dem neuen Dach landen und nachsehen, was denn das für ...

Verdammt, viel zu spät erkannte ich die Bewegungen der elektrischen Stichsäge, und noch später, dass die vier kleinen Löchlein jetzt ein einziges riesengroßes schwarzes Dingsda waren, in das ich geradewegs hineinstürzte, als ich zur Landung ansetzen wollte.

Rücken-autsch, Kopf-aua, und Bauch-weh, fiel ich abwärts durch das Dunkel, um anschließend mit einem lauten Pfoff auf dem Grund des schwarzen Dingsda zu knallen.

Ein schmaler Lichtspalt, der sich stetig und vorsichtig verbreiterte, gab mir letzte Hoffnung und zugleich die Sicht frei auf einen vor mir knienden und mit erstaunten Kulleraugen in das schwarze Dingsda lugenden, ebenfalls schwarz gekleideten Rauchfangkehrer, der mich ungläubig fragend anstarrte und holprig stammelte: Ich wollte doch nur gerade …

… aus der Sicht des Falken betrachten, wie schnell man einen Kamin aufstellen kann, vervollständigte ich seinen begonnenen Satz, in Bezugnahme auf dessen Perspektive!

Nur so rumhängen

Der schwarz gekleideten Rauchfangkehrer gab sich mit meiner vervollständigten Antwort und den zweihundertachtzehn Euro, die er von mir forderte, rasch zufrieden. Zweihundert für den Kaminbefund und achtzehn für die Entfernung von altem vergammelten Federvieh, wie er den Vorgang meiner Errettung nannte, verschloss das Putztürchen hinter mir und entfernte sich hurtigen Schrittes mit den Worten: „Machen's a Gitter drüber!" aus meinem Blickfeld.

Als Falke wäre ich jetzt echauffiert, als Robbe sichtlich glücklich ob der Befreiung aus der misslichen Lage, als Mensch, na sagen wir einmal gewaltig enttäuscht, was war ich denn wirklich wert? Achtzehn Euro, für die Lebendbergung eines vergammelten Federviehes? Da war doch noch was, zweihundert Euro für einen DIN-A4-Zettel, auf dem stand, dieser Kamin-Zug in einfacher Ausführung entspricht laut blablabla den Anforderungen laut der Verordnung vom blablabla und kann zur Benutzung für holzbeheizte Küchenherde verwendet werden.

Da frage ich mich, ob meine Oma jemals so einen Befund gebraucht hatte, bevor sie für die ganze Familie einen wunderbaren Holzofen-Schweinebraten auf den Tisch gestellt hatte. Deren Kamin hatte der Großvater mühevoll und eigenhändig aus naturbelassenen Steinen selbst aufgestellt. Ja, meine Oma hatte es ohnehin nicht so mit Befunden, wofür auch, sie erfreute sich bis zum Schluss bester Gesundheit, und auf die Frage, wie denn ihr Hausarzt hieße, sagte sie nur kurz: „Welcher, ich hab doch gar keinen, der letzte Doktor ist mir weggestorben."

Da bemerkte ich, dass beim Kamin bereits der Außenputz aufgebracht wurde, den wollte ich mir aus der Nähe genauer ansehen und stieg über das Gerüst auf die Dachfläche, die ihrerseits schon mit einer Bitumen-Matte belegt war. Feine Arbeit, muss ich schon sagen, drehte mich um und ... kippte nach vorne ... und rutschte ... Gott sei Dank hatte ich meine Fußnägel neulich nicht geschnitten, so konnte mich mit meinem letzten verbleibenden Überlebenswillen mit den Zehen an den Balken des Vordaches einhaken und so einen Sturz ins Ungewisse vermeiden.

Das Hin- und Herpendeln ließ schön langsam nach, die schwarze Motorradjacke, die ich lässig um die Hüften gebunden hatte, baumelte mir nun um die Ohren. Dieses Bild muss ich mir unbedingt einprägen, dachte ich – das schwarze mit Dachpappe belegte Dach gepaart mit mir, herabhängend in meiner schwarzen Motorrad-Kluft, das muss ausgesehen haben, als ob ein abstürzender Tarnkappenbomber seinen Piloten ausspuckt.

Lange werden die Fußnägel nicht halten, dachte ich mir, das Haus verkehrt, oder ich, reizende Aussichten, komisch hoher Türstaffel, kaum zu überwinden, die Dachsparren wären jetzt der schräge Fußboden, man müsste schon Batman sein, um sich hier zurechtzufinden. Batman?

… aus der Sicht der Fledermaus … einfache Ausführung entspricht laut blablabla den Anforderungen laut der Verordnung vom blablabla und kann zu Benutzung für mich OB[*2] verwendet werden.

Nur so rum-weiß-nicht-wie

Gut, die Fußnägel halten auch nicht mehr das, was sie versprechen, dachte ich mir und schon gar nicht den Batman. Der unvermeidliche Absturz war vorprogrammiert und so begab ich mich gemäß der leidlichen Schwerkraft in Richtung Erdmittelpunkt.

Der Plan war gut, die Ausführung weniger, denn die Reise findet meistens mit der Oberfläche unserer Erdkruste oder mit den darüber unnütz gelagerten Gegenständen ihr gnadenloses Ende. In meinem Fall war das der Stapel der dort zufällig abgelegten Dämmungsmatten, die für die Dachfläche gedacht waren. Den Aufprall hatten diese Gott sei Dank weich abgefedert. Ich hatte meine Schulter leicht links gehalten und federte ab in den Kübel mit Restwasser vom Glattstreichen der Mörteloberflächen des Schornsteins.

Zwei völlig erschreckte, ungläubige Augen ragten aus der Wasseroberfläche. Ich tauchte wieder unter, eigentlich eine angenehme Situation, dachte ich, jetzt wo die Sonne so herunterbrennt in einem, vom Vordach kühl beschatteten, eigenen Schwimmbecken zu planschen, kein Urlaub könnte schöner sein als dieser.

---

2 ohne Befund

Ich drehte noch eine Runde und wunderte mich, warum ich meine Lunge nicht mehr so zwingend benötigte, um sie mit Sauerstoff zu füllen, beließ es aber bei dieser Erkenntnis und schwamm weiter zwischen den Kieselsteinen durch, die auf dem Kübelgrund, als Überbleibsel von der letzten angerührten Mörtelmischung, lagen.

Die Sonne tat ihr Bestes und schien mit all ihrer Kraft vom Himmel, anscheinend aber nur genau auf den Kübel fokussiert, sodass sich das Wasser rasch erhitzte und fast zur Gänze zu verdampfen drohte. Nur zwischen den Kieselsteinchen verblieb ein kärglicher Rest der mich vorhin noch so angenehm labenden Flüssigkeit.

Ich flüchtete, zwischen den Kieselsteinchen nach Restfeuchte suchend, eigentlich ein äußerst mühevolles, aber vollkommen zweckloses Unterfangen, denn als gestandenes Lepismasaccharina (Silberfischchen) sollte man Flüssigkeiten, außer als eine lebensrettende Sofortmaßnahme, eher meiden und gegebenenfalls auch das grelle Sonnenlicht, weil man ja eigentlich dabei auch noch lichtscheu ist. Ein Silberfischchen ist eben eine Art Insekt, stromlinienförmig wie ein Fisch, zwar die Feuchtigkeit liebend, aber ein Nichtschwimmer. Für den Zuckersuchenden, wie der Name schon sagt, wäre das mit dem Wasser auch gar nicht vertretbar, dann hieße es wahrscheinlich Sirup-Taucher oder so ähnlich.

Mit meinen Fühlern tastete ich mich den Kübel entlang nach oben, tänzelte, Beine hatte ich ja genug, den Rand entlang, hin bis zum Griff, glitt hinunter und ließ mich in die Restbestände an Grün der Wiese fallen, die von der Baustelle noch verschont geblieben waren. Der Verlockung einer zuckersüßen Cola-Dosenöffnung konnte ich dann allerdings nicht widerstehen, schlüpfte hinein und betrachtete interessiert den Baufortschritt unseres Häuschens aus meinem dunklen Behältnis ...

... aus der Sicht des Silberfischchens, welches gerade im Dunkel einer schattigen Coladose hockte, ein hervorragendes Vordach.

Nur so im Kreis denken

Wolf! Hund! Hilfe! Wolf, ja, ich glaube Wolfshund, wer sonst sollte schon in eine alte Coladose beißen wollen. Der Kerl musste verrückt geworden sein, mich so herumzuschütteln, Heee! Haaaalooo! Aufhöööören!

Ein Hund ist es, jetzt kann ich auch seine Zähne erkennen, durch die Öffnung blitzten sie gefährlich auf, diese grässlich spitzen, weißen Hauer, nicht schütteln, haaalt!

Nun bin ich auch noch auf seiner Zunge zum Liegen gekommen, der glitschigen Zunge einer zähnefletschenden Bestie, wäre ich nur wenigstens dreißigmal so groß, dann würde er schon sehen, wo er hinkommt, dachte ich mir, rutschte dabei aus und glitt hinab in seinen Schlund.

Was-as-as ist-ist-ist das-as-as für-ür-ür ein-ein komischer-er-er Nachhal-al-al-al, ich glaube-aube-aube der hat-at-at nichts-ichts-ichts im Magen-agen-agen. He-e-e! Du-u-u Depp-epp-epp nicht-icht-icht schlucken-uncken-ucken!

Zu spät, die Öffnung dahinter verheißt auch nichts Gutes, dort wo der Magen seine abgearbeiteten Hinterlassenschaften hineinbefördert und an den Körperteil weitergibt, der die allseits bekannten zylindrischen Abfallgebilde formt, die letztendlich in noch bekannterer Haufenform unsere Gehsteige zieren. Danke, diesen Teil der Reise will ich euch ersparen, es bedarf keinerlei weiterer Erklärung und ich glaube nicht, dass mich dazu auch nur irgendjemand überreden könnte, etwas anderes tun zu wollen.

Beim Theater würde jetzt als Regieanweisung ein Eintrag im Textbuch zu finden sein, der in etwa so lautet wie zum Beispiel: Silberfischchen tritt schweigend ab!

Nach einem kurzen Flug und einer sehr sanften Landung auf einem Breitwegerich-Blatt muss ich gestehen, ich war eigentlich sehr froh, in einem leeren Magen gelandet zu sein und lediglich als materialfreie Bähungsblase die Hundepforte verlassen zu dürfen, denn Silberfischchen riechen Gott sei Dank nichts, sie besitzen deshalb ihre beiden Fühler!

Jetzt, wo ich wieder auf der Wiese lag, fühlte ich mich fast wie neugeboren. Mein Leben zieht vor meinem geistigen Auge vorüber, wie der Schleier, den ein Sterbender angeblich zu sehen glaubt. Die einzelnen Metamorphosen zu durchwachsen, machte mir letztendlich eigentlich auch Spaß, wenngleich auch die Letztere zum Vergessen furchtbar war. Wer wird schließlich gerne von einem Hund ausgeschieden, auch wenn er nur ein kleines Silberfischchen ist, das hätte der einmal mit einer ausgewachsenen, fetten Kegelrobbe versuchen sollen ...

... aus der Sicht des Homo sapiens kaumbergensis[3], der da in der Wiese liegt und sich den Fortschritt seiner Baustelle ansieht, ziehe ich folgenden Schluss: Vergiss einfach alle deine früher einmal erlebten Geschehnisse und beginne jetzt endlich einmal richtig zu leben!

Nur so rumquatschen

Was ich bei alldem nicht bemerkt hatte, war, dass meine liebe Göttin, ich nenne sie immer Göttin, wenn ich von ihr erzähle, denn sie bewahrt mich seit etwa achtunddreißig Jahren vor etwaigen Dummheiten und hält schützend ihre Hände über mein Haupt, neben mir lag und sagte: „Du sprichst schon wieder mit dir selbst, na deine Fantasie möchte ich einmal haben!"

Ops, dachte ich mir, hatte ich etwa bei all den Hirngespinsten schon wieder zu laut gedacht? Na hoffentlich hat sie nicht

---

3 Kaumberg im Bezirk Lilienfeld, Niederösterreich, unsere neue zweite Heimat.

allzu viel davon mitbekommen, sonst kann ich mir wieder gratulieren, bei meinen Hausarbeiten als Küchenbulle rede ich nämlich auch immer mit mir selbst. Das aber nur deshalb, weil ich meine Rezepte im Kopf habe und sie im Geiste dann bei ihrer Ausführung durchgehe. Dass das manchmal etwas lauter ausfällt, ist dabei egal, ich bin meist damit alleine in der Küche.

„Echt jetzt?", fragte ich pro forma und beließ es auch dabei. Wenn ich nicht ständig mit mir rede, kann das ja noch nicht so bedenklich sein. Erst wenn der Begriff chronisch-rezidivierend in mein Leben tritt, wird es bedenklich, dachte ich mir. Dann wäre es eine echte Krankheit, die in Wellenform, stärker und schwächer werdend, immer wiederkäme, so weit bin ich doch noch nicht!

„Bin ich schon so weit?", fragte ich neuerlich, da keine Antwort auf meine erste Frage kam. „Früher hatte ich nicht so viel Zeit, um über irgendwelche Dinge nachzudenken", hakte ich nach, „da hatte ich genug mit den Azubis zu tun, aber jetzt? Mit einem Grashalm im Mund auf der Wiese, äh Baustelle, warum sollte ich da nicht fantasieren?" Die Antwort blieb sie mir ebenfalls schuldig und als ich meinen Kopf zu ihr umdrehte, sah ich den Grund. Sie war einfach zu müde, um zu antworten, ihre Tätigkeit als Lehrerin war im letzten Schuljahr einfach zu anstrengend und Göttin war mit einem Lächeln eingeschlafen ...

... aus der Sicht des jetzt nur mehr sehr leise flüsternden Denkers: „Ist recht so und schöne Träume!" und dann noch „Lebst du unter Weilenden, so weilst du unter Lebenden!"

Privates und andere Möglichkeiten

Ich bin ein Schauspieler, genauer gesagt bin ich eigentlich Darsteller in Pornofilm-Produktionen.

Es wird dabei nicht ausschließlich in einem Studio gedreht, sehr gerne werden wir auch ins private Umfeld eingeladen. In kleine Wohnungen, aber auch in große Häuser und Villen. Und so verrückt, aber lustig, sogar einmal in ein kleines Bier-Lokal. Bei den Dreharbeiten in einem Eissalon war ich leider nicht dabei.

Irgendwann, was sollte näherliegen, ich war schließlich oft genug bei anderen Leuten zu Gast gewesen, habe ich natürlich auch mein Zuhause als Drehort angeboten.

Meine ersten Gäste waren ein sehr nettes Ehepaar, das ich anlässlich einer früheren erotischen Geschichte kennengelernt habe. Gemeinsam mit unserem Produzenten ist noch Sarah zu mir gekommen, sowie noch ein paar Herren, um einige lustige und erotische Szenen zu drehen.

Bei einer vorher gedrehten anderen Geschichte, in einem der oben erwähnten Häuser, habe ich mit Sarah und einer anderen Partnerin gedreht. Diese Geschichte haben wir mit einer Szene in der Küche begonnen. Ich halb nackt, mit den Vorbereitungen für ein Abendessen mit einem anderen Paar beschäftigt, während meine Partnerin Kitty das Organisatorische in die Hand genommen hat. Die Wartezeit bis zum Eintreffen unserer Gäste hat mir die Kitty damit versüßt, dass sie ein wenig mit meinem kleinen Freund gespielt hat. Zur Vorbereitung auf die später folgenden erotischen Spiele.

Dieser Anfang hat dem Produzenten so gut gefallen, dass wir die erste Szene, dieses Mal eben in meiner Küche, begonnen haben.

Ich sollte wieder für unsere Gäste eine Kleinigkeit zubereiten, und die liebe Sarah hat mich dabei tatkräftig unterstützt. Auch in sexueller Hinsicht natürlich, denn schließlich wurde hier wieder für einen Pornofilm gedreht.

Die folgende Szene war dann bereits in meinem Bett, die beiden Damen haben sich gegenseitig verwöhnt.

Das war der Auftakt zu zwei Liebesspiel-Grüppchen mit je einer Frau und zwei Männern.

Maria und ihr Mann haben mich zu sich als ihren Mitspieler gebeten, Sarah sollte sich um die beiden jüngeren Männer kümmern.

So habe ich mich auf meine Weise sehr artig bei Maria für ihr Kommen bedankt. Sarahs Dank für die Einladung habe ich ja vorher schon in der Küche genießen dürfen.

Marias intim geschmücktes Döschen wurde schnell ziemlich feucht vor Freude, und so wurde sie recht bald von ihrem ersten Orgasmus durchgeschüttelt. Für mich ist es immer wieder ein wundervolles Erlebnis, wenn eine Frau durch meinen Beitrag zum Orgasmus kommt, es entsteht dabei so eine Innigkeit, eine tiefe Intimität. Und das auch noch mit der Erlaubnis des Partners.

Wo war ich stehen geblieben? Ja, bei Marias Orgasmus nach meinem Zungenspiel. Sie wollte mich dann auch gerne in sich spüren. Diesen Wunsch habe ich ihr selbstverständlich sehr gerne erfüllt. Also flott ein Kondom übergestreift, währenddessen war ihr Mann natürlich auch nicht untätig, hat Marias Muschi fleißig weiterverwöhnt. Dann hat sie mich in ihrer warmen feuchten Grotte willkommen geheißen und ihr Mann wurde weiter mit dem Mund zu seinem Höhepunkt begleitet. Meinen Abschluss durfte ich nur ganz kurz danach feiern, dabei Marias Bauch und Brüste großzügig mit meiner Sperma-Ladung verzieren.

Auch Sarah und ihre Männer waren bald bei ihren Höhepunkten angekommen. Und gemeinsam haben wir anschließend die Snacks, die ich anfangs hergerichtet hatte, genossen. Schließlich ist ja Sex, so befriedigend das Liebesspiel auch ist, auch immer ein bisschen anstrengend. Da tut es schon gut, anschließend etwas zu essen.

Irgendwann habe ich dann begonnen, darüber nachzudenken, ob und wie ich Kochrezepte und die dazugehörende Garzeit mit sexuellen Aktivitäten in Verbindung bringen könnte.

Ich habe vor etlicher Zeit einmal über die Erotik des Essens gelesen, das ist mir aus diesen Anlässen heraus wieder in den Sinn gekommen.

Mit Kitty und ihrem Lebensgefährten habe ich mich dann ernsthaft über dieses Thema unterhalten. Denn Kitty und ich hatten, während die Tomatensauce für unsere Piccata Milanese vor sich hin dünstete, eine sehr schöne Runde mit allerlei sexuellen Aktivitäten. Und wir hatten genug Zeit, um gemeinsam zu unseren Höhepunkten zu kommen, während Kittys Partner uns dabei gefilmt hat. Er war dann auch so lieb und hat nach den Spaghetti geschaut, während Kitty und ich unter der Dusche waren. Der Parmesan-Backteig für die Piccata geht zum Glück recht rasch und auch das Backen dauert nicht lang.

Während und nach dem Essen haben wir dann überlegt, ob es im Internet nicht auch eine Plattform dafür geben sollte. Mit anschaulichen, in netten Bildern gezeigten Beispielen von befriedigenden sexuellen Spielen, eben in Bezug auf die Zeit, die für das jeweilige Gericht eingeplant wird.

Auch über die Umsetzung haben wir nachgedacht, leider bin ich am Computer nicht sonderlich bewandert, daher ist es bis jetzt nur bei der Idee geblieben.

Cook and Make Love

Ein passendes Gericht für einen netten Quickie ist schon als erstes Beispiel die Piccata Milanese, die ich im vorigen Kapitel schon erwähnt habe.

Für ein etwas ausgedehnteres Vergnügen ist natürlich eine etwas längere Garzeit von Vorteil. Bei einem Date mit zwei Damen habe ich Medaillons vom Schweinefilet mit einer Champion-Creme-Sauce vorbereitet, dazu Basmati-Reis.

Ich stand in der Küche, während die beiden noch miteinander beschäftigt waren. Schließlich war auch hier wieder die Kamera mit dabei. Unser Kameramann ist gut gelaunt zwischen Küche und Schlafzimmer hin und her gependelt.

Die beiden Mädchen haben gegenseitig ihre Brüste liebkost, ich habe die Medaillons scharf angebraten. Zwiebel und Champignons habe ich schon fertig geschnitten gehabt. Die beiden Schönen waren bereits dabei, die Muschi der Partnerin zu erkunden, ich habe die Medaillons aus der Pfanne geholt und im Bratrückstand, Zwiebel und Champignons, geröstet. Mit einem schönen Veltliner habe ich alles abgelöscht, die Mädels waren mit gegenseitiger Intim-Massage beschäftigt. Nachdem ich das Fleisch wieder zur Soße gelegt und den Reis zum Dünsten fertig gemacht hatte, musste ich nur noch den Deckel auf Pfanne und Kasserolle setzen, dann konnte ich mich zu den beiden Süßen gesellen. Das Essen habe ich mit der Restwärme meiner Kochfelder garziehen lassen. Drei Orgasmen später mit Crème fraîche und einer Kräuter-Mischung vollenden. Dann haben wir vier uns sehr zufrieden, hungrig, aber gut gelaunt zu Tisch gesetzt ... Irena, Bianca, Alf, der Kameramann, und ich.

Es geht aber tatsächlich noch mehr. Wie wäre es mit einem gefüllten Brathuhn?

Ich mische gerne etwas Schafskäse unter die Semmelfülle. Das Huhn wird gewürzt und gefüllt, danach ins Backrohr bei 160 Grad, für etwa eine Stunde, manchmal schaden dreißig Minuten mehr auch nicht, je nach Größe.

Das ist der Moment, wo man(n) seinen Schatz wieder aus dem Gewand befreit, sie tut das Gleiche mit mir. Sie hat es sich bequem gemacht, zeigt mir, wie hübsch sie zwischen ihren Schenkeln glänzt, spielt an ihrer Klitoris. Das hat natürlich auch die richtige Wirkung bei mir. Schön hart, sie leckt sanft an seinem Köpfchen, meine Zunge spielt an ihrem Kitzler. Sie stemmt ihre Beine gegen die Bettkante, „komm zu mir, steck ihn in meine nasse Grotte!" Aber wir haben genug Zeit, nach ein paar Stößen ziehe ich ihn wieder heraus. Ich küsse sie, vom Hals, weiter zu ihren großen Brüsten, über ihren Bauchnabel und den Venushügel. Ein leises Stöhnen ..., noch ein kleines bisschen weiter, mit der Zungenspitze wieder an ihrem Kitzler. Sie stemmt ihre Fersen in die Matratze ..., ich soll mich umdrehen, sie nimmt meine harte Latte in den Mund, saugt, ich spüre ihre Zunge über das Bändchen wandern, wieder leichtes Saugen, wieder ihre tanzende Zunge.

Ab jetzt geht es schneller, sie will mich spüren, dass ich bei ihr eindringe, zustoße. Ich spüre, wie es eng und nass wird. Noch ein Aufbäumen, dann kann ich nicht mehr, der Druck ist zu groß, ich spritze.

Wir liegen eng umschlungen und außer Atem im Bett.

Und es ist immer noch genug Zeit, bis der Braten fertig ist, wir können noch ein bisschen ausruhen. Das riecht gut, bald ist unser Essen fertig. Ein kurzer Blick ins Backrohr, sehr gut, noch Zeit für die gemeinsame Dusche. Noch gegenseitig abtrocknen, uns wieder anziehen. Die Erdäpfel sind auch schon fertig, sie kümmert sich geschwind um unseren Salat.

Wir wünschen guten Appetit!

Und ich bleibe optimistisch, dass ich jemanden finde, mit dem nötigen Wissen, um diese Idee umzusetzen. Das wäre doch lustig, oder?

Der Schrank

Ich liebe eine Frau – und das ist gut so!

Wir beide wohnen, leben und lieben schon eine sehr lange Zeit glücklich miteinander. Das verflixte siebte Jahr haben wir dabei schon mehrfach erfolgreich absolviert. Und das, obwohl wir keinen Trauschein besitzen, uns also noch nie die Hochzeitsglocken geläutet haben. Vielleicht ging es gerade deshalb so lange gut?

Natürlich gab es in den vielen Jahren bisher nicht nur eitel Sonnenschein. Es gab am anderen auch schon mal etwas zu kritisieren. Aber derartige Probleme haben wir nicht grollend auf die hohe Kante gelegt, um sie dann gebündelt – sozusagen als geballte Ladung – bei einer günstigen Gelegenheit dem anderen entgegenzuschmettern. Wir haben also das Fass nie volllaufen lassen.

Nein, wir haben sofort darüber gesprochen und danach bei Kerzenschein und einem guten Tropfen mit voller Hingabe Versöhnung gefeiert.

Wir beide sind uns eben wichtiger als eine hohe Einschaltquoten versprechende Fernsehshow oder die Live-Übertragung eines Fußballländerspiels.

Manchmal haben wir auch Versöhnung gefeiert, obwohl es überhaupt nichts zu versöhnen gab. Durch dieses Training ist es uns wahrscheinlich auch stets erfolgreich und gut gelungen, uns in kritischen Situationen nicht ernsthaft zu entzweien.

In einem Punkt waren und sind wir uns aber stets einig: Bei einem Seitensprung gibt es keine Versöhnung! Und diese Regel haben wir bisher stets kompromisslos eingehalten.

Einmal, in all den Jahren bisher, gab es jedoch eine Situation, in der ich die Treue meiner Partnerin, wenn auch nur kurz, aber dennoch ein wenig anzweifelte:

Nach dem Datum auf der Geburtsurkunde gehören wir nicht zu den Allerjüngsten. Wir fühlen uns jedoch weit jünger. Und das ist schließlich die Hauptsache. Im Übrigen gehören meine Partnerin und ich zurzeit der Altersgruppe an, die schon ein paar Jahre lang zum jährlich wiederkehrenden Geburtstag das Bergfest ihres Lebens feiert.

Wir haben beide einen ordentlichen Beruf erlernt, in dem wir – jeder in seinem Bereich – engagiert und erfolgreich tätig sind. Diesem oder einem anderen glücklichen Umstand ist es zu verdanken, dass wir nicht zu dem Teil der arbeitsfähigen Bevölkerung gehören, der morgens nicht durch lautes Weckerrasseln aus dem Schlaf schreckt, um pünktlich am Arbeitsplatz zu erscheinen – weil er keinen hat! Wir haben einen Job!

Leider war es uns jedoch nicht vergönnt, Kinder zu haben. Dabei hätten wir auch gern einen Kinderwagen vor uns hergeschoben und Neugierigen voller Stolz einen Blick hinein gewährt. Hätten gern Breichen gefüttert. Hätten nächtliches Geschrei, der ersten Zähne wegen, geduldig ertragen. Wären gern, auf der Suche nach Antworten auf die un-orthodoxen Fragen eines drei- bis vierjährigen Persönchens, ins Grübeln gekommen. Hätten gern bei der Lösung von Schulaufgaben geholfen und hätten uns auch tapfer dem Problem gestellt, dem Sprössling zu erklären, wie die Kinder zur Welt kommen. Das alles, und mehr, war uns leider nicht vergönnt.

Leider? Unsere zahlreichen Freunde und Bekannten, die alle ein oder gar mehrere Kinder haben, beneiden uns darum.

Anstatt eines Kindes haben wir einen Hund. Einen Dackel! Würden sich unsere Freunde und Bekannten ein wenig mit Hunden auskennen, würden sie uns nicht mehr beneiden.

Ein Dackel muss zwar nicht gewindelt und gefüttert werden. Er hat auch sein vollständiges Gebiss und jault deshalb nicht mehr bei jedem neuen Zahn Mark und Bein erschütternd durch die Nächte. Ein Dackel muss keine Schulaufgaben machen und er stellt auch keine merkwürdigen Fragen. So ein Dackel trägt auch keine teuren Marken-Klamotten. Er verlangt kein monatliches Taschengeld, geht keinen teuren Hobbys nach und erwartet auch keinen Zuschuss zum Erwerb des ersten fahrbaren Untersatzes.

Dafür knabbert er an Stuhl- und Tischbeinen, zerbeißt Vorhänge, Teppichbrücken, Hausschuhe und Plüschtiere. Geht nicht selbst zur Toilette, sondern muss an der spannendsten Stelle im Fernsehkrimi ‚Gassi‘ geführt werden. Ein Dackel spielt nicht selbstvergessen mit dem Game-Boy, sondern will, dass man Stöckchen oder Bällchen wirft.

Ein Dackel ist zwar schwer erziehbar und deshalb nervenaufreibend in der Haltung, jedoch preiswerter in der Unterhaltung. In ein Kind müssen mehr Finanzen investiert werden.

Deshalb konnten wir in den zurückliegenden Jahren einen ansehnlichen Teil unserer monatlichen Einkünfte in den Erwerb von Wohneigentum investieren.

Wir können eine großzügige Wohnung unser Eigen nennen. Dabei ist jedoch unter großzügig nicht zu verstehen, dass sie so groß ist, dass man sein Gegenüber in der Couchecke nur unter Zuhilfenahme eines Theaterglases erkennen kann oder sich zum Gespräch quer durch den Raum eines „Walkie-Talkie" bedienen muss.

Unsere Wohnung ist jedoch so geräumig, dass die Frau an meiner Seite, die eigentlich immer Innenarchitektin werden wollte, ihren schöpferischen und kreativen Ideen zur Ausgestaltung unseres Heimes vollen Lauf lassen konnte. Und das tut sie auch heute noch. Fast täglich überrascht sie mich mit einer neuen Idee. Entweder hat sie diese schon selbst in die Tat umgesetzt. Wenn es zum Beispiel darum geht, andere Vorhänge vor den großen Fensterflächen zu drapieren oder eine rustikale Bodenvase, an die ich mich gar nicht mehr erinnern konnte, vom Speicher auf dem Dachboden zu holen und sie als Blickfang in einer Zimmerecke zu platzieren.

Oder mein Einsatz ist gefragt. Dann handelt es sich um solche Ideen, die darauf abzielen, Bilder umzuhängen, Lampen auszutauschen oder Möbel umzustellen. Ich glaube es gibt kein Bild, keine Lampe und kein Möbelstück in unserem Besitz, das noch nie mehrfach umgehängt bzw. umgestellt worden ist.

Mein persönlicher Einsatz zur Umsetzung derartiger Ideen meiner Innenarchitektin muss natürlich stets sofort erfolgen. Solch eine schöpferische Phase darf nicht auf die lange Bank geschoben werden. Sonst müsste sicherlich sehr schnell eine Versöhnungsfeier vorbereitet werden.

Meist kommen dann während des Möbelrückens neue Ideen. Ebenso kann es aber auch sein, dass nachdem Bilder, Lampen und Möbel mehrfach hin und her bewegt wurden, sich alles wieder an seinem gewohnten Platz befindet.

Eines Tages waren beinahe zwei Wochen verstrichen und nichts hatte sich verändert. Mich beunruhigte das in keiner Weise. Im Gegenteil: Konnte ich doch jetzt sogar im Dunkeln durch die Wohnung gehen, ohne Gefahr zu laufen, gegen ein kürzlich umgestelltes Tischchen zu stoßen, eine Bodenvase umzurempeln oder mich in einem mehr als bodenlangen Vorhang zu verheddern.

So dauerte es auch nicht lange und meine bessere Hälfte erklärte mir, als ich eines Tages etwas früher Feierabend gemacht hatte, dass sie schon immer gewusst hätte, dass noch etwas fehlt, um unserer Wohnung endgültig den Ausdruck von Vollkommenheit zu verleihen. „In der Diele würde sich ein zweitüriger Schrank gut machen", meinte sie. „Er müsste in der Holzart und im Farbton natürlich zur Flurgarderobe passen", ergänzte sie, munter drauflos plappernd. Vor Aufregung hüpfte sie dabei vor mir hin und her. „Lass uns doch schnell noch zu dem neu eröffneten Möbelhaus fahren", bettelte sie und klatschte dabei wie ein Kind in die Hände.

Ich wollte ihr die Freude nicht verderben und ein Einkaufsbummel im Möbelhaus ist ja beinahe so interessant wie eine Sightseeing-Tour durch einen Baumarkt. Auf keinen Fall jedoch so nervig wie ein Streifzug durch Bekleidungsgeschäfte oder gar Schuhläden. So sagte ich, ohne lange nach Ausflüchten zu suchen: „Ja!" Sie nahm die Gelegenheit beim Schopfe und mich an die Hand. Es blieb mir kaum Zeit, den Dackel anzuleinen. „Lass doch den Hund zu Hause!", meinte sie. „Er stört doch nur, wenn wir in Ruhe einen passenden Schrank aussuchen wollen." „Da bin ich aber anderer Meinung", entgegnete ich. „Der Dackel gehört zu unserer Familie und ihm soll der Schrank ja auch gefallen. Außerdem freut er sich, auch mal rauszukommen."

Erst im Auto kam ich dazu, die Frage zu stellen, wo denn dieses neue Möbelhaus eröffnet worden sei. „Liest du denn keine Zeitung?", fragte sie mich spöttisch vorwurfsvoll. Dabei weiß sie ganz genau, dass ich den Inseratenteil stets überblättere.

„Gestern hat doch im Einkaufspark eine Filiale dieser bekannten schwedischen Möbelkaufhauskette aufgemacht", triumphierte sie über meine Unwissenheit. Mit dem Satz: „Unterstehe dich, beim Kauf fünfzehn Prozent Rabatt auszuhandeln", konnte ich sie verblüffen. Den Politikteil in der Zeitung liest sie nämlich sehr oberflächlich.

Nach ein paar Fahrminuten waren wir da.

„War wirklich gestern die Eröffnung oder ist sie erst heute?", fragte ich. Denn nur mit Mühe gelang es uns, einen Parkplatz zu erwischen. Dann drängten wir uns in die Menge und wurden mit ihr durch die langen velourbelegten Gänge an den Ausstellungskojen vorbeigeschoben. Das Ganze erinnerte ein wenig an eine Prozession.

Unseren Dackel hatte ich rechtzeitig auf den Arm genommen. Sonst hätte man ihn nach wenigen Minuten, wegen seines platt getretenen Schwanzes, eventuell mit einem Biber verwechseln können. Kinder konnte man im Eingangsbereich in einen Glaskäfig sperren lassen, wo sie sich dann mit puterroten Gesichtern bis zur totalen Erschöpfung mit bunten Plastikbällchen bewerfen konnten.

Der Kopf unseres Dackels verfolgte die Flugbahnen der bunten Bälle mit sehr großer Aufmerksamkeit, hin und her. Doch die nette Kindertante an der Tür zum Spielparadies wollte ihn nicht mitspielen lassen.

Die größeren Kinder konnten in einer anderen Ecke lustige Zeichentrickfilme anschauen. Am liebsten hätte ich mich zu den anderen Männern gesetzt, die dort geduldig auf ihre einkaufswütigen Partnerinnen warteten.

Recht bald hatten wir einen passenden Schrank gesichtet. Es gelang uns jedoch erst in der zweiten Runde der Prozession durch die Präsentationsfläche, aus dem gleichmäßig schiebenden Menschenstrom auszuscheren.

Es genügte ein kurzer begutachtender Blick aus der Nähe und beinahe gleichzeitig sagten wir: „Der soll es sein!"

Auch unserem Dackel, den ich hier, weitab vom Menschenstrom, auf den Boden setzen konnte, schien der Schrank zu gefallen. Denn nachdem er den Schrank ausgiebig beschnüffelt hatte, wedelte er mit dem Schwanz.

Urplötzlich stand ein freundlicher Verkäufer vor uns. Er war sicherlich nicht mit dem Menschenstrom hierher geschwommen. Es gab jedoch keinen Knall und keine Rauchwolke, aus der er entstiegen sein konnte. Sicherlich gab es hier unterirdische Verbindungsgänge oder er hatte sich blitzschnell von oben her abgeseilt. Jedenfalls waren wir verblüfft.

Ebenso verblüffte uns der Preis. In einem anderen Möbelhaus hätten wir sicherlich beinahe das Doppelte für einen ähnlichen Schrank bezahlen müssen. Als der nette Verkäufer uns dann versicherte, dass der Schrank noch heute geliefert werden könnte, fielen wir beinahe ins Koma.

„Toll!", riefen wir erfreut aus und zückten die Geldkarte. Dann rafften wir die Kaufbelege, Lieferscheine und unseren Dackel und ließen uns von der Menschenmasse wieder zum Ausgang schieben. Mit großen Schritten eilten wir zum Auto, sprangen hinein und fuhren rasch nach Hause.

Wir hatten gerade die Mäntel an die Garderobe gehängt und den Dackel von der Leine gelöst, als es klingelte. „Die Möbelträger!", rief meine Frau, die ans Fenster geeilt war, um auf die Straße hinuntersehen zu können.

Vorsorglich öffnete ich auch den zweiten Flügel unserer Wohnungstür, damit die Möbelträger den Schrank ohne Kratzer an den vorgesehenen Platz in der Diele bugsieren könnten.

Ein junger Mann mit der Figur eines Arnold Schwarzenegger kam leichtfüßig die Treppe herauf und drückte mir ein stabiles längliches Paket in die Hände: „Ihr Schrank, Modell ‚Björn‘, zur Selbstmontage! Viel Spaß damit!"

Auf ein Trinkgeld wartete er nicht, sondern federte mit flinken Füßen sofort die Treppe wieder herunter.

Schnaufend wuchtete ich das Paket in die Diele. ‚Wie können ein paar Schrankteile doch schwer sein‘, dachte ich und bewunderte noch im Nachhinein das jugendliche Schwarzenegger-Double. ‚Wobei hat er eigentlich viel Spaß gewünscht? Beim Bugsieren des bleischweren Möbelpakets, bei der Nutzung des Schrankes oder gar bei der Montage der Möbelteile?‘, grübelte ich.

„Deshalb war der Schrank so preiswert", stellte meine Frau logisch folgernd fest. „Du kannst ja die Teile schon mal auspacken. Morgen rufe ich dort an. Sie sollen einen Monteur schicken. Der hat das richtige Werkzeug, die nötige Routine und den Schrank in null Komma nichts aufgebaut."

Ich fühlte mich herausgefordert! Das Erfolgserlebnis, den Schrank ohne fremde Hilfe montiert zu haben, wollte ich mir nicht nehmen lassen. Das richtige Werkzeug hatte ich auch. Um meinen Werkzeugbestand würde mich manch kleiner mittelständischer Handwerksbetrieb beneiden. Ich gehöre nämlich zu den Baumarktkunden, die eigentlich nur eine Handvoll Schrauben kaufen wollen, aber letztendlich mit einem prall gefüllten Einkaufswagen ein derartiges Einkaufsparadies für den wahren Mann verlassen. Dies und jenes könnte man ja irgendwann einmal dringend benötigen. Heute war der Tag gekommen!

„Schatz, du kannst schon das Abendessen vorbereiten. Inzwischen montiere ich schnell den Schrank", rief ich meiner Lebensgefährtin zu.

Schnell waren die Schrankteile ausgepackt. Die sperrige Verpackung bugsierte ich in den Keller. Dort wählte ich das nach meinen Vorstellungen passende Werkzeug zur Montage des Schranks aus.

In der linken Hand den Werkzeugkasten, in der rechten Hand den Akkuschrauber, kehrte ich in die Wohnung zurück. Mit dem Akkuschrauber in der Hand kam ich mir vor wie ein edler Westernheld, der einem bösen Revolverhelden den Garaus machen will. Mein Widersacher war „Björn", der Schrank!

Die Montageanleitung war für Analphabeten konzipiert. Mit kleinen Skizzen waren die notwendigen Montageschritte und ihre Reihenfolge abgebildet. Das notwendige Werkzeug war auch gleich mitgeliefert worden: ein 6-mm-Imbusschlüssel; mehr war nicht nötig!

Enttäuscht schob ich meinen gut sortierten Werkzeugkasten beiseite und entlud den Akkuschrauber. Also keine „rauchenden Colts"!

Innerhalb von knapp zwanzig Minuten war der Schrank montiert und stand in seiner vollen Schönheit an der vorgesehenen Stelle in der Diele. Meine Frau, soeben auch mit den Vorbereitungen zum Abendessen fertig geworden, kam neugierig in die Diele gelaufen. „Das hast du prima gemacht", lobte sie mich und belohnte meine Arbeit mit einem innigen Kuss. Sie hakte sich bei mir ein und wollte mich gerade zum gedeckten Tisch geleiten, als sich, wie von Geisterhand bewegt, die Türen des Schranks öffneten. Erst bekamen wir einen Schreck, dann mussten wir prustend lachen. „Der Schrank spukt!", waren wir uns einig. Wir drückten die Türen wieder zu und kehrten der Diele den Rücken.

Nach dem Abendessen sah ich noch mal nach dem Schrank. Zu meiner Verwunderung hatte „Björn" wiederum seine beiden Türen weit geöffnet.

Anhand der Montageanleitung ging ich nochmals alle Arbeitsschritte durch, die ich gemacht hatte. Ich konnte keinen Fehler entdecken. Mit dem mitgelieferten Sechskant zog ich nochmals alle Schraubverbindungen nach. Alles ohne Erfolg. In gewissen Abständen öffnete der Schrank seine Türen!

Ich schloss die Schranktüren, nahm mir einen Stuhl und setzte mich in die Diele, um den Schrank zu beobachten. Nach stundenlangem intensivem Beobachten konnte ich die Ursache des geheimnisvollen Türöffnens entdecken: In der Nähe unserer Wohnung verlief eine S-Bahnstrecke. Die damit verbundene Lärmbelästigung war nicht sehr hoch. Außerdem lag die Zugfrequenz bei nur drei, je Stunde und Fahrtrichtung. Immer wenn eine S-Bahn vorbeifuhr, war auch ein leichtes Vibrieren zu verspüren. Daran hatten wir uns bereits gewöhnt, aber nicht Björn, unser neuer Schrank. Er öffnete dann seine Türen!

Ich konnte diesem übersensiblen Verhalten des Schrankes nicht abhelfen. Weder untergeschobene Pappstreifen oder Holzklötzchen noch gutes Zureden oder gar wildes Fluchen verhinderten das selbsttätige Öffnen der Schranktüren beim Passieren einer S-Bahn.

Es war spät geworden! Während der Abspann der ‚Tagesthemen' lief, kam meine Frau in die Diele und befahl mich ins Bett. „Lass doch den doofen Schrank. Ich habe morgen meinen freien Tag und werde den Schrank reklamieren. Die sollen sofort einen Fachmann schicken, der den Mangel behebt oder einen neuen Schrank anliefern!", erklärte sie mir energisch.

Am nächsten Morgen ignorierte ich den Schrank in der Diele beim Verlassen der Wohnung.

Meine Frau hatte ein kurzes, aber sehr bestimmendes Telefongespräch mit dem Möbelhaus geführt und dort hatte man ihr versprochen, einen Mitarbeiter der Service-Abteilung vorbeizuschicken.

Meine Frau ist es gewohnt, am Nachmittag ein paar Runden im nahe gelegenen Park zu joggen. So auch an jenem Nachmittag. Als sie danach unter der Dusche stand, klingelte es. ‚Der Monteur‘, schoss es ihr durch den Kopf. ‚Schnell in den Bademantel geschlüpft und die Tür geöffnet, ehe er umkehrt.‘

Sie erklärte dem jungen Mann in seinem Service-Overall den Sachverhalt und schilderte ihm auch das Ergebnis unserer Beobachtungen. „So was habe ich noch nie erlebt, dass eine vorbeifahrende S-Bahn die Ursache dafür sein soll, dass sich beim ‚Björn‘ die Türen automatisch öffnen“, zweifelte der Monteur ihre Aussage an. In diesem Moment öffneten sich die Schranktüren und man hörte die Geräusche der vorbeifahrenden S-Bahn. Der junge Mann kratzte seine Nackenhaare, die sich ein wenig gesträubt hatten. „Das muss ich mir mal genauer ansehen!“, sprach er, stieg in den Schrank und schloss die Türen hinter sich.

In diesem Moment betrat ich unser trautes Heim. Noch ehe meine Frau mich begrüßen konnte, sprang unser Dackel herbei. An der Art, wie er mich empfing, konnte ich erkennen: Es ist Besuch da!

Meine Frau, immer noch nur mit dem Bademantel bekleidet, gab mir den obligatorischen Begrüßungskuss. Ich war nicht verwundert über ihre Bekleidung, folgte jedoch argwöhnisch ihrem verstohlenen Blick zum Schrank in der Diele. Daraus drangen jetzt Geräusche. Noch ehe meine Frau etwas erklären konnte, riss ich die Schranktüren auf.

Ich entdeckte den verdutzt dreinschauenden Monteur. „Was machen Sie denn hier drin?“, fuhr ich ihn an.

Der junge Mann stammelte erschrocken: „Ich warte auf die nächste S-Bahn!“

Autorenverzeichnis

MARKUS BRAUWERS
Der 1963 in Bocholt geborene Autor Markus Brauwers ist haupt-
beruflich ein selbstständiger Kaufmann. Seine ausgeprägte Dis-
kutierfreudigkeit mündet oftmals im „Hobby-Philosophieren"
und nunmehr auch in einem Buch, dessen Inhalt er ausschließlich als Anregung, nicht aber als Belehrung verstehen wissen will.

VIRGINIA DE RIVEN
Virginia de Riven träumte als Kind viel und glaubte an Wunder.
Ungelesene Geschichten füllten ihre Schubfächer. 2012 begann ihr Schicksal und es folgte der schmerzliche Tanz mit
ihren Dämonen, bis jemand zu ihr sagte: „Die besten Schüler
bekommen die schwierigsten Prüfungen."

ANNEGRET EISENBERG
Annegret Eisenberg wurde 1957 in Kaiserslautern geboren. Nach
dem Studium der Germanistik und Anglistik war sie 17 Jahre selbstständig mit ihrer Werbeagentur in Hannover. Schick-
salhafte Begegnungen und ein reicher Schatz an Erfahrungen
spiegeln sich wider in ihren Geschichten.

RAPHAEL RUBEN FELDER

Raphael Ruben Felder, geboren 2000 in München, studiert derzeit Germanistik an der Ludwig-Maximilians-Universität München. Anfang 2019 schrieb er das Theaterstück „Requiem für einen Verrückten" und brachte es im März 2019 zur Aufführung. Neben dem Studium arbeitet er an seinem ersten Buch.

FRANZ GEISSLER

Franz Geissler, geboren 1950, ist ein waschechter Mattersburger mit „Migrationshintergrund". Seit seiner Pensionierung widmet er sich ganz seiner zweiten Leidenschaft, nämlich Menschen mit seinen mehr als 500 Gedichten zu unterhalten, von denen einige in seinem Buch „Ätzend" erschienen sind.

JANINE HATSCHKA

Janine Hatschka, geboren 1989, ist verheiratet, hat drei bezaubernde Kinder und lebt mit ihrer Familie im wunderschönen Rodaun in Wien 23. Weil sie ihr Job im Büro nicht ausfüllt, versucht sie sich jetzt als Buchautorin.

EDITH KONRAD

Edith Konrad ist promovierte Historikerin und arbeitet seit 2011 als Unternehmensberaterin. 2022 erscheint ihr neuer Erzählband „DorfGeschichten". Dort geht sie der Frage nach, wie die zunehmende Urbanisierung das Leben in den Dörfern dieser Erde verändert und warum es heute wieder attraktiv ist, auf dem Land zu leben.

CHRISTINA LINGENHÖL

Christina Lingenhöl entdeckte bereits zu Schulzeiten ihr Interesse an Gedichten und dem Deutschunterricht. Sie entschied sich jedoch für eine Ausbildung zur Industriekauffrau. Nach erfolgreicher Ausbildung ist sie nun seit über zehn Jahren in ihrem Unternehmen. In ihrer Freizeit schreibt sie weiterhin Gedichte.

UWE MALICH

Uwe Malich, geboren 1953 in Wildau. Studium der Volkswirtschaft, Mitarbeiter im Bereich Wirtschaftsgeschichte der HfÖ. 1981 Promotion A. 1991 Promotion B. Ende 1991 bis Ende 1993 Beschäftigung mit dem Großflughafenprojekt Berlin-Brandenburg. 1994 bis Anfang 2001 Unternehmensberater.

CHRISTINA MESSER

Christina Messer wuchs in Esslingen, DE, auf. Nach der Ausbildung zur Bankkauffrau führte sie ihr Weg an die Finanzplätze Genf und Zürich. Später fand sie zu ihrer Leidenschaft, dem Schreiben und der Ahnenforschung. Zudem verbringt sie viel Zeit mit ihren Hunden und engagiert sich stark im Tierschutz.

H. J. NOYMAN

H. J. Noyman, geboren 1948 in der Nähe von Cham. Studium der Geografie und Anglistik. Weit gereist. Schon als Jugendlicher fand er die Musik der 60er- und 70er-Jahre und deren Texte interessant. Daraufhin begann er bald eigene Texte zu schreiben. Er ist auch als Sänger und Gitarrist in einer Rockband aktiv.

HARTMUT PAUL

Hartmut Paul, geb. 1950 in Stuttgart, studierte Russisch und Englisch. 1990 Wechsel nach Moskau zum Joint Venture eines deutschen Konzerns als Dolmetscher und Assistent der Geschäftsführung. 1995 Rückkehr nach Deutschland. Seit 2015 im Ruhestand. Seit seiner Jugend begleitet ihn die Lust am Schreiben.

MELANIE REDLICH

Melanie Redlich, geboren 1986 in Köln, arbeitet als Verkäuferin, ist verheiratet und Mutter von Zwillingen. Ihr Autoren-Studium beendet sie dieses Jahr. Sie schreibt Gedichte, Kurzgeschichten und Liebesromane. Ihr Buch „Liebe und Glück auf Umwegen" kann im Handel erworben werden.

KLAUS DIETER MARIA RESCH

Klaus Dieter Maria Resch schreibt seit einem Unfall mit Nahtod-Erfahrung auch nicht-fachliche Bücher und Gedichte. Er ist ein Musik-Liebhaber und zählt die Kunst zu den Grundnahrungsmitteln für Gehirn, Geist und Seele. Er interessiert sich für die Bedeutung und die Ästhetik des menschlichen Gehirns.

HANS GÜNTHER SCHIMPF

Hans Günther Schimpf war in der Computerbranche beschäftigt. Seiner literarische Erzählung „Eine jüdische Großmutter" hat er im novum Verlag veröffentlicht. Aus seinem nächsten Buch „Wahre Kurzgeschichten" stellt er in dieser Anthologie die Geschichte „Mit Josefel im Heiligen Land" vor.

BERND SIBITZ

Bernd Sibitz, geboren 1944 in Niederösterreich, Studium in Wien und Bologna, war Lehrer, Journalist, PR-Arbeiter. Arbeiten für Wiener Festwochen und ORF. Mitglied IG-Autoren und Buch 13. Bücher: „Panik in St.Ruprecht" und „Ich springe aus dem Fenster und radle davon". b.sibitz@sibitz.co.at

ANDREAS TATOWSKY

Andreas Tatowsky wurde 1959 in Wien geboren, wo er eine Lehre zum Maschinenbauschlosser absolvierte. Danach war er als Trainer am BFI tätig. Er widmet sich dem Chorgesang sowie dem Spielen und Bauen von Instrumenten. Auch andere künstlerische Tätigkeiten wie Zeichnen, Malen und Schnitzen.

PETER VOKUREK

Peter Vokurek ist Schauspieler, genauer ein Darsteller in Erotik-film-Produktionen. Im vergangenen Sommer hat er, wegen der Pandemie gerade arbeitslos, beschlossen, er möchte gerne ein paar Erinnerungen an seine Auftritte aufschreiben. So ist im Lauf des Schreibens doch ein bisschen was zusammengekommen.

GERHARD WOLF

Gerhard Wolf wurde 1948 geboren und besuchte die Offiziers-schule des Ministeriums des Innern der DDR. Seit 2003 ist er im Vorruhestand und hat seither sein ehemaliges Hobby, das Schreiben von Kurzgeschichten, wieder aktiviert. „Der Schrank" ist sein erstes Werk, was veröffentlicht wird.

Bildnachweis:
S. 69, 71 © Roland Zipf, S. 109 © H. J. Noymann